¿Y si viajamos?

La vida en sí, ya es un viaje

Escrito y editado por Omar El Bachiri

Todos los derechos reservados. Queda rigurosamente prohibida la reproducción parcial o total de esta obra por cualquier medio o procedimiento, ya sea electrónico o mecánico sin el permiso previo y por escrito del titular del copyright, bajo las sanciones establecidas en las leyes.

2024 Omar El Bachiri El Boudouhi Copyright ©.

ISBN: 978-99920-3-442-2
Depósito legal: AND.263-2024

Primera edición: septiembre 2024

Corrección: Paco González García

Omar El Bachiri nació el 5 de enero de 1977 en Marruecos, en un pequeño pueblo de la provincia de Nador, aunque reside en el Principado de Andorra desde que tiene dos años, lugar donde emigró junto a sus padres.

Es psicólogo clínico, experto en adicciones y ambas titulaciones cursadas en la Universidad Nacional de Educación a Distancia (UNED). Este es su sexto libro y viene repleto de vivencias personales dado que, Omar es un viajero empedernido. Empezó a recorrer el mundo con 21 años, y a día de hoy sigue con el mismo hábito. Viajar es su filosofía de vida y la compagina con la práctica regular de ejercicio físico y la escritura de artículos en varios medios de comunicación.

Agradecimientos: quiero agradecer a tanta gente, que es imposible hacerlo en tan pocas líneas y por eso mismo, quiero dedicarles el libro, a todos y cada uno de ellos porque de un modo u otro, han contribuido en mi inspiración para escribirlo.

Sus otros 5 libros son:

1 – Feliz y con ahorros
2 – Vivo como quiero
3 – Drogas y adicciones
4 – No me juzgues, no me conoces
5 – Todos manipulados (tú y yo incluidos)

Introducción

La vida es un viaje y el destino es la muerte, pero la manera de recorrerlo es la que nos diferencia a todos. Por lo tanto, dependiendo del lugar donde nacemos y/o nos educamos, vivimos unas aventuras u otras y por ende, también las interpretamos de modo diferente. Con lo cual, la cuestión es que, si todos moriremos tarde o temprano, – ¿por qué no disfrutar del viaje? –

Así que viajemos y conozcamos lugares diversos, interactuemos con culturas y maneras de pensar diferentes a las nuestras para así, enriquecernos mentalmente. Dicho de otra manera: teniendo una mente abierta, conseguimos eliminar los prejuicios y por ende, vivimos menos agobiados y alterados, porque entendemos mejor los hechos que suceden en el planeta.

Unas veces, será porque hemos estado en esos lugares en primera persona y otras, porque nos hemos empapado de sus culturas a través de la literatura, a través de la experiencia ajena, de gente que ha estado ahí. Esta segunda manera de aprendizaje se denomina el modo vicario y en esta ocasión, lo hacemos desde la comodidad de nuestra casa.

Así mismo, uno de los objetivos de escribir este libro es motivarte a viajar: a poner en práctica tus habilidades sociales, empatía y sobre todo, a ser consciente de tu umbral a la frustración y de tu capacidad para gestionar el estrés. Conceptos muy importantes a tener en cuenta para disfrutar de los viajes porque, no siempre transcurren como lo deseamos ya que, no todo depende de nosotros.

Según las circunstancias, tendremos que reorganizar las fechas programadas, los vuelos y el hospedaje para adaptarlos a nuestro presupuesto, sin que ello altere nuestro estado anímico. Por lo tanto, nuestra manera de reaccionar a los contratiempos, al estrés y a la ansiedad, dicen mucho de nosotros, nos definen bastante.

Dicho de manera diferente: estoy hablando de la gestión emocional, de cómo gestionamos las emociones porque hay que tener en cuenta, que son innatas y aparecen sin avisar, podemos estar tan tranquilos y ver cómo nuestros planes se desbarajustan en cuestión de minutos sin poder nada para remediarlo.

Así pues, según las gestionemos, así nos sentiremos y es que, aunque ninguna emoción dura más de 90 segundos, pueden desencadenar sentimientos que duren toda la vida. Con esto, conviene subrayar que de las seis emociones universales que hay, es decir, las que todos compartimos: la tristeza, el miedo y la rabia son las que peores sentimientos desencadenan o por lo menos, los más perjudiciales.

A modo de ejemplo tenemos: la soledad, el aislamiento, el rencor y la dependencia. Es curioso porque como ya he mencionado, ninguna emoción dura más de noventa segundos, sólo que una vez nuestro cerebro les asocia un sentimiento, la cosa cambia por completo dado que, los sentimientos pueden durar de por vida porque no están limitados en el tiempo.

– ¿Cuánta gente no ha adquirido un TOC (trastorno obsesivo compulsivo) por haber asociado un sentimiento negativo a la emoción de miedo y ahora, no puede dejar de lavarse las manos constantemente o comprobar continuamente que la puerta esté cerrada? –

De igual modo con la soledad, hay quién tiene miedo a volverse a enamorar porque ha sufrido mucho con su separación y, por lo tanto, prefiere quedarse solo, a pesar de no estar bien, porque añora estar en pareja. Sucede lo mismo con el hecho de viajar, gente que ha sufrido turbulencias en su primer vuelo y ha pasado tanto miedo, que decide no volver a tomar jamás este medio de transporte.

En otras palabras: en algún momento de su vida experimentaron una emoción negativa y le han asociado un sentimiento en concreto. Por ejemplo: en el caso del TOC, la persona le ha asociado la dependencia a efectuar un ritual para superar el malestar; en el del miedo a sufrir por amor, le ha asociado la soledad, pero por miedo a sufrir y no, por placer, que es como tendría que ser. Los seres humanos buscamos la soledad por placer, para estar tranquilos, para estar con nuestros pensamientos o cualquier cosa que queramos hacer, es decir, estar solos por decisión propia.

Luego, está la persona que tiene miedo a volar, le ha asociado los sentimientos de ansiedad, nerviosismo, angustia, etc. El hecho de no controlar la situación es superior a ella y es incapaz de tranquilizarse, sólo con pensar en tener que volar, su cuerpo empieza a sudar. Así pues, viendo la fuerza que tienen los sentimientos, – ¿por qué cuando la emoción es positiva, los sentimientos que les asociamos no duran tanto tiempo? –

Por ejemplo: con el nacimiento de un hijo o la recuperación de la salud (volver a caminar, a hablar, a oír, a ver, etc.). Es ilógica esta diferencia, igual que también lo es la reacción de sorpresa de mucha gente, cuando nos preguntan cómo estamos y respondemos, que estamos de fábula o que la vida nos sonríe.

Hay quien da por hecho que debemos contestar siempre de manera negativa o pesimista, no entiende que si estamos mal, es coherente contestar con adjetivos negativos, pero, estando bien, también es coherente contestar a la inversa, con adjetivos optimistas. La cuestión es no permitir que una emoción que no supera los noventa segundos en nuestro cerebro, nos condicione el día, la semana o la vida. No podemos permitir que nuestro cerebro generalice las situaciones negativas y esto, se consigue entendiendo la función de los sentimientos y no es más, que darle un sentido a la emoción surgida, pero tampoco tiene que ser definitiva.

Por nuestro bien, tiene que ser temporal, el tiempo necesario para afrontar la emoción de manera productiva: la superaremos o disfrutaremos de ella, pero después, continuamos con nuestra vida y un ejemplo bastante claro lo tenemos con los jugadores de fútbol profesional: cuando ganan la Champions o la liga, lo celebran durante varios días, pero pasadas unas semanas, se olvidan y vuelven a su estado emocional anterior, porque no hacerlo, seria vivir en el pasado y, por lo tanto, no buscarían mejorar para revalidar el título.

Por lo cual, – ¿Por qué permitir que los sentimientos negativos se apropien del control emocional y condicionen nuestro cerebro a pensar en bucle? – Recordando constantemente la emoción negativa y, consecuentemente, le privan de cambiar las asociaciones por unas más adaptadas a la situación actual, al presente dado que, la vida es ahora y aquí

Con el fin de que te hagas una idea de lo que te vas a encontrar durante la lectura, empezaré escribiendo un breve resumen y para ello, voy a mencionar lo escrito en la introducción, que la vida es un viaje: para algunos será un trayecto más corto que para otros, pero, aun así, tiene que ser un viaje agradable ya que desde buen principio sabemos que la muerte es el final: nacemos, crecemos y morimos.

Ahora, eso sí, durante el trayecto tenemos la posibilidad de vivir confortablemente y también, de elegir qué tipo de paisajes queremos ver: el mar, el océano, montañas, prados, bosques, ciudades, pueblos, etc. No nacemos predeterminados ni para sufrir, ni para vivir penurias, en todo caso, sería al revés, estamos vivos para disfrutar y sonreír. Pero, aun así, cuando las situaciones no son favorables, con determinación y constancia, podemos disfrutar mucho de nuestros días en la tierra.

Así mismo, para disfrutar de los viajes durante más tiempo y no perder la motivación jamás, es recomendable pensar también en el futuro. Te estoy hablando de la ilusión de vivir, por tener metas que conseguir y en este caso en concreto, de viajar constantemente o por lo menos, bastante a menudo. Es más, sin motivación la vida pierde su sentido porque nos movemos por inercia: trabajar, alimentarnos y descansar para mañana volver a hacerlo otra vez.

Hay que recalcar que los seres humanos somos un animal activo y por lo tanto, tenemos que movernos para no enfermar. La falta de ejercicio físico es la principal causa de muerte porque comporta problemas cardiovasculares, de respiración y de obesidad.

Con esto, quiero decir que estando motivados para hacer ejercicio físico, nos ahorramos una gran parte de estos problemas. Con lo cual, esta es la clave para movernos y uno de los peores enemigos que tiene, es cuando nos lo dan todo hecho, porque llega un punto que no valoramos el esfuerzo que requiere.

Un ejemplo son los adolescentes apáticos: jóvenes aburridos de sus juguetes (teléfono móvil, ordenador, bicicleta, moto, etc.) objetos que han obtenido sin ningún esfuerzo mental, físico, ni económico y lamentablemente, no han adquirido la disciplina, ni el compromiso con ellos mismos. Es decir, no le dan valor a las promesas que puedan hacer, si les apetece, las cumplen y si no tienen ganas, no lo hacen, porque no se sienten obligados moralmente.

Dicho de manera más corta, les falta la capacidad de no rendirse ante las adversidades. No están motivados para hacer nada, van a la escuela por inercia, porque es su obligación, pero no le encuentran sentido a estudiar, ni a conseguir ningún título académico porque no comprenden su importancia. No se dan cuenta que hoy día, sin un mínimo de estudios, tienen muchas puertas del mercado laboral cerradas. Están acostumbrados a pedir y recibir inmediatamente, no tienen la necesidad de esforzarse para conseguirlo y con el tiempo, se sienten inútiles dado que, nada depende de ellos.

A modo de ejemplo expondré unas situaciones que pueden parecer fantásticas, pero que son destructivas mentalmente: imaginemos que vamos a cenar al restaurante y que en el momento de pagar, nos dicen que está todo pagado; vamos de compras y tampoco tenemos que pagar; la factura de la luz, del teléfono, del internet, del gimnasio e incluso, los impuestos los tenemos gratuitamente.

Es decir, que alguien más o el propio gobierno paga nuestras facturas y por lo tanto, nuestro dinero no tiene ningún valor porque sólo pidiendo, conseguimos lo que queremos. Llegará un punto que nos sentiremos inútiles socialmente porque sentiremos que no aportamos nada, que no somos ningún valor añadido.

Entonces, no tendremos ningún motivo para ir a trabajar dado que, tenemos la supervivencia asegurada: el alquiler o hipoteca de la vivienda, la comida, la ropa, los medicamentos, etc. En definitiva, tendremos la sensación de ser igual que un animal de compañía, sólo que con la capacidad de razonar y desgraciadamente, llegaremos a la conclusión de que sobramos, de que somos un cero a la izquierda.

Así pues y volviendo a vivir el presente, pero pensando en el futuro: podemos estar viajando y paralelamente, estar programando el siguiente porque el hecho de estar disfrutando, nos condiciona a seguir haciéndolo, es una realidad de los viajes: uno lleva al siguiente y así, sucesivamente.

Dicho de otro modo: ciertamente, que la mejor manera de disfrutar es como dice el mindfulness, siendo conscientes en todo momento del aquí y ahora, de vivir en el presente, pero tampoco está de más, pensar en el futuro.

Una cosa no quita la otra, podemos estar disfrutando del momento y paralelamente, también estar pensando en lo que haremos después. Por ejemplo: podemos estar saboreando un café en la estación central de tren de Ámsterdam y al mismo tiempo, estar preparando un trayecto en tren hasta París y una vez allí, disfrutar de la ciudad del amor.

Preparando el recorrido por la ciudad y visualizándonos caminando por sus calles y entrando en el museo del Louvre o viendo un espectáculo en el mítico cabaré Moulin Rouge. Por lo tanto, estamos aprovechando el momento agradable de estar en Ámsterdam y simultáneamente, nos estamos motivando para el siguiente viaje y así, con cualquier aspecto de nuestra vida.

A esto se le llama vivir ilusionados, ¡con ganas de hacer cosas!

Otro ejemplo sería estar limpiando la casa y simultáneamente, estar pensando en la lavadora que pondremos, decidiendo qué haremos para comer o incluso, a qué actividades deportivas inscribir a los hijos, razonar si los horarios son compatibles con nuestra rutina diaria. Son actos ejecutados de manera inconsciente, porque es el modo que tiene nuestro cerebro de ganar tiempo, es una de sus funciones: minimizar recursos, buscar alcanzar el mismo resultado, pero con el menor gasto energético posible.

Por lo cual, si somos capaces de hacerlo conscientemente, además de volvernos proactivos, también seremos ordenados y esto se traduce en ser eficaces, a sacarle el máximo rendimiento al tiempo. Aquí la parte más importante es no perder de vista el presente, que estamos en Ámsterdam y tenemos que disfrutar de la oportunidad, pero no por ello, vamos a dejar de lado la ilusión de viajar en tren y más, estando en una estación ferroviaria.

Así pues, pensando de este modo, siempre estaremos motivados y felices porque tenemos la mente distraída y, por lo tanto, afrontamos de manera no dramática los contratiempos cotidianos. No estoy diciendo de vivir en las nubes, sino, que, como acabo de escribir, pensando en el futuro nos volvemos proactivos y como tal, nos avanzamos a los hechos, nos volvemos previsores e inevitablemente, nos mantenemos alejados del malestar mental: la ansiedad, el estrés y los estados depresivos.

Esto es así porque a pesar de estar viviendo el presente, estamos convencidos de que el mañana será igual de bueno o mejor y simultáneamente, cuando sabemos que será peor, aprovechamos todavía más el presente, porque somos conscientes de que pronto formará parte del pasado.

Es decir, estamos respetando las consignas de la filosofía del mindfulness, pero, además, le estamos añadiendo la capacidad de pensar también en el futuro, sin abandonar por ello, el presente. Por otro lado, también sirve de terapia para la gente que no está satisfecha con su vida o con alguna faceta de ella como, por ejemplo: el trabajo, la obligación de hacer deporte por razones médicas, convivir con alguien más por necesidad, etc.

En estas situaciones, cuando no hay más remedio que aguantar, es beneficioso tener la mente centrada en el después, en lo que haremos una vez estemos fuera y seamos libres para decidir qué hacer. Es un hecho que nada dura eternamente y por consiguiente, la realidad puede cambiar de un día para el otro y estando ilusionados, la espera se vuelve más amena e incluso, en ocasiones, también fructífera.

Es una metodología muy eficaz para no enfermar mentalmente y de rebote y haciendo mención a ser fructíferos, podemos aprovechar para organizar los días festivos: ¿qué haremos o adónde iremos?

La cuestión es mantenerse motivados para no hundirse e igualmente, pensando en el mañana, podemos disfrutar todavía más del presente dado que, si no es placentero, se vuelve más ameno y por ende, el malestar no es tan acentuado.

A su vez y haciendo hincapié en que no estamos determinados para malvivir, ni para pasar penurias, tenemos que decidir qué camino recorrer. Hacia dónde vamos y marcar la ruta, pero como en cualquier camino, siempre hay rotondas para cambiar de sentido o escoger el camino más corto.

El objetivo del viaje es disfrutar al máximo y sufrir lo menos posible y paralelamente, también intentar aprender del dolor, porque hay una frase muy cierta que dice: *"el dolor es inevitable, pero el sufrimiento es opcional"*.

Esta frase puede comprenderse mejor con los deportes de contacto, sus deportistas se golpean tan fuerte que llegan a sangrar e incluso, a veces, también se fracturan algún hueso, pero aun así, disfrutan del combate.

Están sintiendo dolor, pero no están sufriendo por ello y de ahí que existan los atajos, porque una vez hemos aprendido las lecciones, es más fácil superar los obstáculos.

A modo de ejemplo: si queremos recorrer Europa en coche, sería interesante aprender algo de mecánica antes de partir para así, no depender tanto de un taller. Pues en la vida, si queremos disfrutar de ella, sería interesante llevar un estilo saludable y así, no ser tan vulnerables a las enfermedades, porque imagínate querer subir al Machu Picchu y tener problemas cardíacos, la presión arterial alterada, o dificultad para caminar, nos costaría mucho poder acceder a él.

Luego, también sería interesante aprender a comunicarse en varios idiomas, además del nuestro, sería una buena opción hablar por lo menos, también el inglés. Hay 195 países reconocidos en el mundo y eso significa variedad lingüística, pero por suerte, el idioma inglés es universal y por ende, es muy raro que no podamos comunicarnos con él. Esto por un lado y por el otro, están las emociones, creencias y costumbres adquiridas durante la infancia y la adolescencia.

Unos conceptos que seguramente en su momento fueron eficaces, pero que en la edad adulta pierden su eficacia o no tienen ningún sentido. Por lo tanto, una vez entrados en esta nueva etapa, tendríamos que cuestionárnoslos y algunos ejemplos son: el miedo, el racismo y los prejuicios sociales aprendidos en casa o en la escuela, como también, los tan conocidos complejos.

Algo que cuesta de entender dado que, como he dicho en la introducción, ninguna emoción dura más de 90 segundos, transcurrido este tiempo, desaparecen. El problema radica en que nuestra mente entra en bucle con ellas y las transforma en sentimientos y estos, lamentablemente, pueden permanecer ilimitadamente en nuestro cerebro, porque no tienen fecha de caducidad.

Revivimos una y otra vez la misma situación, aunque la persona o ambiente que la desencadenó ya nos estén presentes. A modo de ejemplo, tenemos el racismo y los prejuicios: – ¿quién no ha oído alguna vez? – Ese país o ciudad son muy peligrosos, mejor no ir; Esa gente de ese aspecto en concreto no es de fiar, mejor alejarse de ella; La gente de ese país o ciudad es muy vaga o falsa, mejor, no entablar amistad con ella, etc.

Pues lo mismo sucede con los complejos: muchas veces son adquiridos por opiniones con argumentos ilógicos, hemos oído ciertas palabras y nos las hemos creído, dando como resultado los dichosos complejos. Nos han dicho cualquier tontería y la emoción surgida nos ha desencadenado un sentimiento, pero en vez de olvidarlo, igual que sucede con la emoción, se nos ha quedado grabado en el cerebro y ahora, cada vez que oímos esa palabra, nos viene a la mente la misma sensación y nos recuerda el dichoso sentimiento.

Pero igualmente, son unos complejos basados en la creencia de ser inferiores a los demás, creemos que el resto de la sociedad es más competente que nosotros o explicado de otro modo: creemos que somos peores que ellos.

Por eso mismo, estoy diciendo que debemos cuestionarlos, ya que siendo adultos no tendrían por qué afectarnos, pero, sin embargo, en muchas ocasiones, siguen limitándonos la vida. Es como si no hubiéramos madurado y siguiéramos en la niñez: actuamos con rabia, vergüenza, miedo o simplemente, nos aislamos en nuestro mundo y nos volvemos anti sociales.

Así que, valga de ejemplo el síndrome de Hikikomori para ilustrar esto que acabo de explicar: aunque el nombre sea originario del Japón, el problema es universal porque ya existía antes de ser etiquetado, es sencillamente el aislamiento voluntario. Pero es un refugio basado en el miedo a sufrir, no tiene nada que ver con el placer de estar solos, de la soledad. En este caso es debido a una o varias experiencias negativas y la persona en vez de afrontarlas, prefiere huir de ellas, cree que, por el simple hecho de mirar hacia otro lado, dejan de existir.

Después, según la economía de cada uno, hay quien se aísla más tiempo o menos, se queda en su casa e incluso, hay quien lo lleva al extremo y decide encerrarse en alguna habitación de la misma, sólo sale para orinar y asearse, ni si quiera lo hace para comer. Esta segunda situación sería para el caso de los adolescentes que viven con sus padres y tienen la posibilidad de comer en sus habitaciones, sin tener la necesidad de salir para cocinar.

Sin embargo, para lo más adultos es un poco diferente porque lógicamente, tienen más obligaciones y si no quieren morir de hambre, tienen que trabajar y por ende, tienen que salir de casa pero sólo para eso mismo, acudir al trabajo. Por lo tanto, estamos viendo que el resultado es parecido para ambos, el aislamiento social. Los adolescentes, por su parte, dejan de asistir a la escuela y los adultos por el suyo, cesan la interacción social, traduciéndose en un abandono social en ambos casos.

Igualmente, hay que matizar que un principio este comportamiento les genera calma y serenidad dado que, evitan encontrarse con el problema, pero lamentablemente, transcurridos poco más de seis meses la cosa cambia y aparecen la angustia, la ansiedad y finalmente, también la depresión.

La persona echa de menos su rutina diaria, pero el miedo a sufrir es más fuerte que la capacidad de volver atrás y cambiar de decisión. No obstante, su núcleo social cree que este comportamiento les genera algún tipo de placer o beneficio personal, cuando es justo lo contrario. Están perturbados mentalmente y es que definitivamente, somos seres sociales y no estamos creados para vivir fuera del grupo.

Así mismo, esto tampoco significa que no podamos estar largas temporadas solos, sin nadie con quien interactuar y sin tener que sufrir por ello algún trastorno mental. Hay quien viaja solo constantemente y es de lo más feliz, pero porque disfruta de su soledad y cuando le apetece, se reúne con más gente para socializar, es decir, no está huyendo de nada.

Sin embargo, y en contraste con esta gente, también hay quien viaja constantemente, pero para huir de su realidad. La persona que se comporta así, no disfruta de sus viajes porque lo está haciendo para no afrontar sus situaciones conflictivas, sólo que, en vez de quedarse aislada en casa, prefiere recorrer el mundo, es decir, está en una jaula más grande.

Por eso mismo, es tan importante saber disfrutar de nuestra soledad y una de las mejores maneras de aprender a hacerlo, es viajando ya que, únicamente contamos con nuestro documento de identidad y el dinero que tengamos en el banco o llevamos con nosotros, sea en efectivo, o en tarjetas bancarias.

Luego y en parte, gracias a razonar las situaciones y con ellas, los sentimientos surgidos, nos percatamos que siendo felices solos, no tenemos que andar detrás de nadie, persiguiendo su aprobación (amor o amistad), no tenemos que mendigar su apoyo.

Por eso mismo, podemos escoger las parejas sentimentales y las amistades por las emociones y los momentos agradables que nos aportan y no, por la necesidad de cubrir una carencia.

Con lo cual, quien es independiente emocional y económicamente, ha encontrado el sentido de la vida, porque es capaz de disfrutarla sin la necesidad de estar con alguien más: puede ir al cine, de compras, a bailar, al gimnasio, de viaje, etc. y aun así, divertirse.

Con esto quiero acentuar que, si estamos con alguien así, tenemos que estar agradecidos, porque nos ha escogido por amor o empatía y no por necesidad ya que, aun estando bien solo, prefiere estar con nosotros antes que con alguien más o seguir con su soledad. A su vez, hay quien no es capaz de valorarlo y consecuentemente, lo acaba perdiendo porque esta persona, aun teniendo mucha paciencia, sabe lo que busca y por ende, también lo que no quiere.

Valga de ejemplo esto que describo ahora: hay quien tiene una pareja sentimental espléndida, fiel, atenta, trabajadora y responsable y en vez de cuidarla, la desprecia o simplemente, la infravalora y luego se sorprende de que se vaya, de que ponga fin a la relación. Se aleja porque añora su tranquilidad y no está dispuesta a perderla, porque es un estado mental difícil de conseguir y una vez lo tenemos, no es cuestión de perderlo por nadie, ni por nada.

Además, hay que añadir, que interpreta las relaciones sentimentales de manera sumativa, que añaden valor al bienestar de ambos, con lo cual, la relación sale reforzada. No tiene sentido emparejarse sentimentalmente con alguien para estar peor que solteros dado que, la idea es ir a mejor o por lo menos, mantenerse igual.

Uno más uno, jamás puede dar un resultado negativo, si éste fuera el caso, es que uno de los dos está restando y no, sumando. Por lo tanto, es comprensible que si la persona aporta buen rollo, paz y alegría a la relación, también pida reciprocidad a la otra parte o por lo menos, que no reste. Que no la perturbe emocionalmente con discusiones estériles, que no llevan a ningún lado: rencores, celos, malas caras, etc.

Como verás, estoy describiendo los efectos de la mala gestión emocional que he mencionado al principio: que las emociones se van, pero los sentimientos se quedan. Por eso mismo, muchas veces es mejor irse de viaje solos porque según con quien vayamos, en vez de disfrutar, nos amargaremos. Personalmente, yo prefiero viajar solo, o en pareja, porque hacerlo con amigos, aunque nos llevemos muy bien, no siempre nos ponemos de acuerdo en cómo organizar el viaje, qué lugares ver y qué cosas hacer.

Igualmente, viajar solos no es sinónimo de estar aislados, porque siempre está la opción de viajar en grupo, en viajes organizados. La agencia encargada de la gestión nos ubicará en el grupo más acorde a nuestros hábitos y costumbres. Estos viajes pueden conseguirse tanto por nuestra cuenta, en internet, como en agencias físicas: dependiendo de nuestro presupuesto y del tiempo que dispongamos para dedicarles, escogeremos una opción u otra.

Porque actualmente, tal y como está montada la industria del turismo, viajar es apto para todos los bolsillos, por eso mismo hay tantos destinos y maneras de conocerlos, como también, medios de transporte para llegar hasta ellos.

Luego, otras dos ventajas que tiene viajar alrededor del mundo es que rompemos muchas creencias sociales y paralelamente, también, nos deshacemos de los complejos. En primer lugar, por parte de las creencias sociales, hay una muy extendida y es, juzgar a la persona o conjunto de la sociedad únicamente por la marca del vehículo que conduce, se dice que la persona en cuestión forma parte de una clase social u otra: es pobre, trabajadora, media o rica. Pero se omite o no se tiene en cuenta que, según en qué continente o país vivamos, difiere bastante el esfuerzo económico destinado a comprar un vehículo de una determinada marca.

Así pues, según el lugar donde residamos, nos cuesta apenas 8 veces nuestro salario mensual, en comparación con los 30 meses que puede requerir otro lugar. Por lo tanto, trabajando la misma cantidad de horas mensuales, según el lugar donde residamos, nos alcanzará para un vehículo u otro y eso no tiene porqué encasillarnos en una clase social u otra, dado que, se obvian dos factores muy importantes: la opción de comprarlos pagando a plazos y la compra de segunda mano.

A su vez, viajando por Francia, el norte de África (Marruecos, Argelia y Túnez) y también por los países de los Balcanes, veremos que las marcas más vendidas y por ende, las que más gente utiliza para circular son las del grupo Renault y más concretamente, los vehículos Dacia y Lada. Vehículos considerados de gama media-baja o por lo menos, no de gama alta dentro de la comunidad europea.

Así que viendo esto, nos damos cuenta de que el problema no es el vehículo, sino, las ideas y creencias de nuestro ambiente social. Por lo tanto, si tienes un vehículo clasificado como gama baja o media, antes de sentirte mal por ello, recuerda que, si cambiaras de zona de residencia, seguramente, serías visto como alguien con un poder adquisitivo más elevado y por ende, aun siendo la misma persona, te sentirás diferentemente. Definitivamente, salir de vez en cuando de nuestro entorno social más cercano nos permite experimentar de modo diferente los mismos sentimientos dado que, las emociones se ven modificadas, no son tan intensas.

Igual que el racismo, tampoco tendremos espacio en nuestra mente para él, ya que, viajando nos encontramos a gente con culturas y costumbres muy diferentes a las nuestras, pero que finalmente, todos buscamos lo mismo: el bienestar y la tranquilidad mental.

De ahí que se considere algo normal aislarse socialmente de manera voluntaria, porque es un comportamiento practicado en todo el planeta. Es algo normal en el ser humano, igual que también lo es, buscar tanto la independencia emocional, como la económica. No importa el lugar del planeta donde vivamos, como tampoco nuestros hábitos, ni nuestras costumbres, todos tenemos emociones y como tal, su mala gestión produce desastres mentales.

A modo de ejemplo tenemos la crisis de la vivienda: actualmente, en el año 2024 afecta a la mayoría de países desarrollados del planeta, vivir de alquiler está por las nubes, los precios se han disparado, se han vuelto abusivos y ya ni hablemos de los alimentos básicos, ni del combustible, la inflación los ha vuelto casi prohibitivos. En apenas tres años, los precios se han duplicado ya que, en el año 2021, quien pagaba 500€ mensuales por su apartamento, ahora está pagando alrededor de los 1.000€ y lo mismo sucede con el resto.

Ciertamente, es un problema social que he visto en bastantes ciudades europeas: jóvenes parejas que están en proceso de separación, se ven obligadas a convivir, porque ninguno de los dos conyugues puede permitirse vivir solo.

Por un lado, tenemos el que tiene que abandonar la vivienda y no encuentra nada asequible y por el otro, está el que se queda en ella, pero no puede asumir el alquilar él solo. Con lo cual, no queda más remedio que continuar viviendo juntos, bajo el mismo techo, pero cada cual por su lado y como puede entenderse, esto se convierte en un infierno.

Hay que recalcar que los seres humanos somos animales de hábitos y cuando nos vemos obligados a cambiarlos, se nos hace difícil, a pesar de que gracias a nuestra resiliencia y capacidad de adaptación, lo acabamos haciendo sin traumatizarnos mentalmente.

Ahora, siempre y cuando la situación esté limitada en el tiempo, cuando sabemos más o menos su duración, si no, las probabilidades de sufrir algún trastorno se disparan. Fácilmente podemos sufrir de ansiedad, estrés e incluso, caer en depresión y lamentablemente, esto empuja a interpretar la realidad de manera negativa. Con lo cual, imaginemos una situación que dura más doce meses y en la que no hay amor, ni ningún sentimiento agradable hacia la pareja, sino más bien, todo lo contrario.

Solo hay malas caras, rencores y unas ganas enormes de perderla de vista. Inevitablemente, se instaura el malestar y hay que convivir con él, es un miembro más de la familia y ahora, es una relación a tres.

Entonces, la mejor solución para no amargarse es aprender a disociar las situaciones porque si no, estaremos todo en el día fuera de casa con tal de evitarlas. Así pues, la idea es cambiar la manera de ver al cónyuge, ahora se ha convertido en nuestro compañero de piso, y para conseguirlo sufriendo lo menos posible, tenemos que inundar nuestro cerebro de experiencias negativas vividas conjuntamente para así, no querer volver jamás con él.

Hacerlo sería un error que nos saldría muy caro emocionalmente, porque la buena sintonía que había entre nosotros ha llegado a su fin. Actualmente, es inexistente y estamos viviendo juntos por necesidad económica, no por amor.

Esta confusión o no aceptación de la nueva realidad provoca que una vez la situación mejora, muchas parejas decidan continuar juntas. Potenciando así, una vida vacía, triste y destinada al fracaso, porque no hay amor entre ellos, sino más bien, dependencia emocional.

Una atadura tan perjudicial como la económica, porque en ambos conceptos existe una carencia personal: la necesidad de cubrir nuestras necesidades básicas y que para ello, hacen falta dinero y amor. Y es que muchas veces, la dependencia económica arrastra consigo, la dependencia emocional, son como un binomio.

Pero volviendo al tema del racismo: no importa ni nuestro color de piel, aspecto físico, ni cultura, porque cuando estamos fuera de nuestro país, nosotros somos los extranjeros. Con lo cual, una vez salimos de nuestro territorio, estamos en el ajeno y todos deseamos ser tratados igual que si estuviéramos en el nuestro.

No queremos ser juzgados porque tengan prejuicios contra la zona del planeta a la que pertenecemos, no queremos ser vistos como ladrones, delincuentes, perezosos, parásitos, etc. Hay que tener en cuenta que es una virtud del ser humano: ser todos diferentes porque según en qué parte del planeta nazcamos, seremos de un color de piel o de otro, hablaremos un idioma u otro e igual con nuestra fisionomía, también será diferente.

Por eso mismo, es irracional, por no decir absurdo, frustrarse o deprimirse por no encajar en un grupo en concreto. No somos leones, perros, gatos, jirafas, cocodrilos, etc. donde visto uno, vistos todos porque son idénticos, apenas tienen diferencias perceptibles al ojo humano.

Por otra parte, y hablando de los complejos, porque tienen relación directa con esto que acabo de escribir, pasarían desapercibidos si entendiéramos y aceptáramos que todos somos diferentes. Ni mejores, ni peores, porque dependiendo del lugar donde residamos, serán considerados como un defecto o como una virtud y de ahí la importancia de conocer nuestro valor personal. Dejo esta reflexión a modo de metáfora:

Si la botella de agua pudiera hablar y le preguntáramos dónde quiere ser vendida, seguramente que nos contestaría, que en los aeropuertos porque ahí, la gente estamos dispuestos a pagar más dos euros por ella, cuando en el supermercado, apenas damos 40 céntimos.

Conviene subrayar que, cuando nos valoramos de manera positiva, no permitimos que ningún comentario despectivo nos afecte lo más mínimo y en parte, es porque somos conscientes de que según el lugar en el que estamos y con la gente que interactuamos, la realidad se percibe de modo diferente.

Pueden vernos como indispensables o por el contrario, como innecesarios. A modo de ejemplo: no es lo mismo medir 1.90 metros y vivir en Japón, China o Corea, que vivir en Estados Unidos, Rusia o Alemania.

En cualquiera de los tres primeros países destacaremos por nuestra altura y sin embargo, en los otros tres, seremos del montón, pasaremos desapercibidos e igual para el color de piel, de pelo y peso corporal.

Pero igualmente, aun habiendo estas diferencias, viajando por el mundo, no importa el continente, ni el país, veremos la fuerza del mestizaje. Ser rubios, morenos, blancos, negros, morenos, asiáticos, altos, bajos, etc. han dejado de ser características definitorias de un país en concreto, ahora estamos todos mezclados y por lo tanto, somos ciudadanos del planeta tierra.

Por suerte, los políticos hace tiempo que se han percatado de que la unión hace la fuerza y han facilitado este mestizaje y potenciado la convivencia pacífica entre todos. Es necesario recalcar que, un país, una nación, cuanto más pluricultural sea, mejor le irá en todos los ámbitos, tanto en el económico, como en el social. Con lo cual, cuantas más lenguas, costumbres y hábitos albergue, mayor será su bienestar.

Así pues y retomando los complejos: estos pueden ser tanto físicos como intelectuales y haciendo referencia a estos segundos, podemos sentirnos inferiores a los demás por nuestra poca capacidad mental, artística, conocimiento de varias lenguas extranjeras, etc.

Por su parte, en los físicos, dependerá del lugar en el que centremos nuestra atención: si lo hacemos en la nariz; los ojos; el abdomen; las piernas; el trasero; el pelo e incluso, en la altura: si somos de talla media, baja o alta.

Luego, como por arte de magia surge el rechazo a ciertos aspectos de nuestro cuerpo, dejan de agradarnos y en ocasiones, incluso llegamos a odiarlos y consecuentemente, según nuestra capacidad económica, recurrimos a la cirugía estética, las dietas restrictivas, las cremas, etc.

Queremos deshacernos de ellos o modificarlos, pero sin el esfuerzo, ni el tiempo necesario que ello conlleva, queremos que se haga inmediatamente y que el reflejo en el espejo sea exactamente el deseado. Esto es una verdad que la industria del culto al cuerpo conoce sobradamente y nos venden cremas, para tapar cualquier aspecto indeseado de nuestro rostro, productos y aparatos de gimnasia para bajar de peso de forma rápida y sin esfuerzo.

Sabe que es el factor principal: conseguir resultados favorables con el mínimo esfuerzo y en el menor tiempo posible. Vivimos en una sociedad que ha adquirido el modelo de la comida rápida: es pedir y en pocos minutos estamos servidos.

La industria del culto al cuerpo sabe que los consumidores de sus productos no tienen la disciplina necesaria para conseguir resultados parecidos utilizando el método natural, porque este requiere de mucha paciencia dado que, los resultados tardan en aparecer.

Nos ha infantilizado en este sentido, ha conseguido que prefiramos algo no tan bueno pero inmediato, que esperar un poco y conseguir algo mejor. Sin embargo, siendo viajeros, la disciplina es un factor que dominamos a la perfección, porque invertimos mucho tiempo en buscar viajes asequibles económicamente y es más, nos gusta que sea así, porque cuando lo conseguimos, nos sentimos orgullosos de nosotros mismos.

Por su parte, cuando sucumbimos a esta publicidad autodestructiva, estamos definiendo nuestro autoconcepto en base al rechazo o burlas sufridas durante la infancia y/o adolescencia. Nos hemos convertido en adultos frustrados porque no hemos evolucionado, nos hemos quedado atrapados en esa época de nuestra vida y seguimos usando el retraimiento social y la vergüenza como herramientas para afrontar el malestar.

Por desgracia, ambas formas de actuar suelen expresar ira y como no puede ser de otra manera, según nuestra jerarquía social, actuaremos con soberbia o siendo sumisos. Culpamos a los demás de nuestros complejos porque en parte, desconocemos su función y no es otra que hacer de trampolín para sacarle provecho a la situación, los hemos adquirido para superarnos como personas.

Son el motor que necesitábamos para avanzar hacia nuestros objetivos personales: superar la vergüenza a ir a la playa o piscina en bañador o en bikini; perder el miedo a viajar solos, a relacionarnos con desconocidos y practicar el inglés que apenas hablamos, etc. Es decir, nos motiva a salir de nuestra zona de confort o mejor dicho, a ampliarla dado que, es una tontería alejarse o dejar de hacer lo que nos gusta.

Por lo tanto, según en qué parte del planeta nos encontremos, los gustos físicos cambian por completo y esto demuestra que el problema real, no es nuestro aspecto físico, sino más bien, a quien damos el poder de lastimarnos mentalmente con sus comentarios.

Así pues, cuando razonamos sobre nuestros complejos físicos, podemos encontrar la forma de superarlos, pero aun así, si la forma no es viable, los hemos aceptado y a partir de ese momento dejan de ser complejos porque ya no nos afectan.

Les hemos quitado el único factor que tenían para perjudicarnos, la atención a la opinión ajena y por ende, la próxima vez que alguien nos haga una crítica o burla sobre ese aspecto, no nos afectará porque ha dejado de ser un problema para nosotros.

Definitivamente, los complejos se superan más rápido cuando tenemos claros los objetivos y a partir de aquí, analizamos de qué forma nos están imposibilitando alcanzarlos.

Con esta simple pregunta que nos hagamos, la mayoría de veces cambiamos el punto de enfoque, porque si nuestro objetivo es ser médicos, camareros, contables, repartidores de pizzas, etc. – ¿tener el culo gordo o plano, tener poco pecho o mucho, tener un color de pelo determinado (rubio, moreno, pelirrojo, etc.), será un obstáculo para conseguirlo? –

Ya vemos que la respuesta es negativa, que no será un obstáculo y tampoco lo será nuestra altura: ser altos o bajitos, porque no influye en las destrezas necesarias para alcanzarlo. En todo caso, podrían perjudicarnos si quisiéramos ser modelos y lo más curioso de todo, es que son aspectos en los que nadie se fija, salvo nosotros mismos.

Con lo cual, ya vemos que es un problema irreal, sólo existe en nuestra mente ya que, si no le prestamos atención, deja de afectarnos. Si fuera real, nos seguiría afectando por mucho que lo evitáramos y una vez más, queda demostrado que viajando mejoramos nuestra autoestima, porque vemos que nuestra fisionomía es la misma en cualquier parte del planeta.

Por consiguiente, también potenciamos nuestro autoconcepto y esto se refleja en nuestra actitud frente a los obstáculos que nos vamos encontrando durante los viajes, no los interpretamos de manera catastrofista.

Es más, si queremos viajar, pero nos da miedo hacerlo solos, porque nuestro círculo de amistades no es viajero, o tiene otras preferencias, tendremos que trabajar en nuestra personalidad, la tendremos que modificar y adaptar a la nueva realidad y sus necesidades.

Sirva de ejemplo esta pequeña historia de superación personal, donde un adolescente utilizó el efecto ganador para superar el acoso escolar sufrido (bullying). El efecto ganador forma parte de la actitud positiva y es una combinación entre el efecto Pigmalión y las ganas de superación personal.

El efecto Pigmalión (la profecía autocumplida), nos dice que actuamos según se espera de nosotros y, por lo tanto, nos esforzamos en conseguirlo porque interpretamos que es nuestro rol social.

Con lo cual, cuando lo aplicamos como una motivación personal para superarnos personalmente, inevitablemente, nos comportamos como lo deseamos porque nos hemos programado mentalmente para hacerlo así. No contemplamos otra manera de hacer las cosas y centramos toda nuestra atención en los resultados favorables y además, paralelamente, también infravaloramos las decepciones y los fracasos, no les damos tanta importancia.

Es decir, no interpretamos los resultados de manera dual: como buenos o malos, sino, que lo hacemos como una manera de aprendizaje. Si son favorables, los vemos como una victoria y cuando no lo son, los vemos como una lección.

Igualmente, nunca olvidamos los logros que conseguimos, siempre los tenemos presentes y de este modo, no permitimos que los resultados negativos condicionen nuestro estado anímico, porque somos conscientes de que no siempre podemos lograr nuestros objetivos personales, por muy preparados que estemos.

Sin embargo, el hecho de interpretar los malos resultados como una lección, mejora nuestra resiliencia, aumentando así, nuestro umbral a la frustración y es aquí donde nace el efecto ganador. Nos consideramos unos campeones porque tenemos la capacidad de generalizar el sentimiento de euforia a cualquier conducta o situación favorable, por muy insignificante que sea.

Hemos aprendido que, aunque no todo dependa de nosotros, cuando ponemos de nuestra parte, el camino para lograrlo se allana bastante. Por ejemplo: cuando nos hemos propuesto rebajar la factura de la luz, lo hemos conseguido; igual que con la del gas; de la calefacción; de la compra; del agua; etc.

Dicho brevemente: que tenemos un locus de control interno y esto se traduce en una personalidad con determinación, constancia y ganas de disfrutar de cualquier cosa que hacemos y gracias a ello, sabemos diferenciar entre lo que deseamos, queremos y necesitamos. Parecen sinónimos, pero nada más lejos de la realidad, son bastante diferentes y lógicamente, cada uno genera emociones y sentimientos también diferentes.

Parece algo irrelevante pero lamentablemente, confundirlos conduce muchas veces tanto a la ruina económica, como a la mental, porque alguien puede desear ser millonario, pero sin embargo, no quiere hacer el esfuerzo que conlleva. Quizás desea ser un actor reconocido, pero no quiere mudarse a los Ángeles, a Hollywood, porque se ve incapaz de abandonar su ciudad, país o trabajo actual y prefiere renunciar a su sueño.

Así que, conocer su diferencia es crucial para no frustrarse si no conseguimos el objetivo ya que, nuestra mente le asignará una emoción diferente. Según el significado que le dé, cómo interprete las consecuencias que conlleva.

Expongo los tres ejemplos más típicos para que me entiendas mejor: el vehículo, la vivienda en propiedad y la pareja sentimental. Seguramente que la mayoría de la sociedad sigue este orden, necesita el vehículo para desplazarse; desea una vivienda en propiedad; y quiere una pareja sentimental. Pero, si hacemos caso a la biología, esta nos dice que sólo necesitamos alimentarnos y descansar, para no morir, todo lo demás son preferencias, sólo que en términos utilitarios es algo diferente. Dicho los ejemplos, comenzaré por la necesidad:

Puede considerarse como ese objetivo a conseguir para que nos facilite la vida. Por su parte, el deseo viene a ser las ganas inmediatas de conseguirlo y por último, el concepto querer es el más complejo porque implica movimiento y se traduce en esfuerzo físico y/o mental.

Resumido seria: queremos ese objetivo porque nos aporta bienestar y por consiguiente, vamos a por él, nos movemos, pensamos cómo hacerlo e intentamos conseguirlo.

De ahí que, según interpretemos cada concepto, expresaremos una emoción u otra y la no satisfacción del acto nos generará tristeza, depresión o simplemente indiferencia. Así pues, entendido esto, los defino:

– En primer lugar, tenemos el concepto desear y está compuesto por la ilusión, con lo cual, si no se consigue, no genera frustración: deseo ser rico, esa casa o esa persona, pero ahí se queda. No me genera malestar no obtenerlo porque es eso mismo, un deseo y no implica ningún esfuerzo.

– En segundo lugar, está el concepto querer y como ya he dicho antes, está compuesto por el movimiento, además de la ilusión por conseguirlo y por eso mismo, genera frustración cuando no se consigue. Se ha invertido tiempo, esfuerzo y dedicación: quiero estar con esa persona, quiero ese vehículo, esa vivienda y no conseguirlo, me entristece

Tiene sentido porque nos está condicionando el modo de vida o de movimiento. El deseo, por su parte, implica carencia, sin embargo, el quiero implica, presencia y por lo tanto, la diferencia radica en la motivación para conseguirlo. Cuando lo queremos es porque lo estamos viendo y sabemos que haciendo un esfuerzo podemos conseguirlo. Digamos que queremos ir de viaje a Nueva York una semana y la suma del hospedaje más la del avión, nos sube a 900€.

Pues si sabemos que trabajando unas horas extras, o ahorrando un poco, podemos ir, nos generará frustración si finalmente, no vamos, porque somos conscientes que esforzándonos un poco hubiera sido posible ir. Sin embargo, si sabemos que no disponemos de esa cantidad por mucho que trabajemos, se quedará en la ilusión de poder ir algún día y como tal, no generará ningún sentimiento negativo, no hay males mayores.

Es decir, si queremos algo y no lo conseguimos, nos frustramos, pero en cambio, si sólo lo deseamos, el hecho de no conseguirlo, nos sabe mal, pero ya está, de ahí no pasa.

Esta diferencia radica en que cuando queremos algo y no lo conseguimos, nos autoinculpamos y por desgracia, el sentimiento de culpabilidad es uno de los peores que podemos sufrir porque nos destruye internamente.

Esto sucede porque la persona que se siente culpable, no tiene en cuenta que no todo depende de ella y por lo tanto, hay hechos que no pueden evitarse por mucho que queramos. – ¿Cuánta gente no ha perdido una gran parte de sus ahorros destinados para disfrutar de su jubilación viajando alrededor del mundo, por la quiebra de su banco o el desplome de las acciones que tenían invertidas? –

Son hechos que se nos escapan de las manos, pero que causan una gran frustración, porque condicionan por completo nuestro modo de vida, nos limitan el movimiento, – ¡queremos y no podemos! –

Seguidamente, otra diferencia entre ambos conceptos es que, en cuanto satisfacemos el deseo, perdemos el interés hacia ese objetivo, porque es una satisfacción momentánea y ya la hemos conseguido. Esto sucede porque somos conscientes de que es un deseo y como tal, sabemos que quizás no lo consigamos y si lo logramos, ¡pues bienvenido sea!

No obstante, cuando queremos algo o a alguien, el sentimiento se mantiene en el tiempo, porque somos conscientes del esfuerzo que hemos dedicado para conseguirlo, hemos invertido en él y ahora, estamos saboreando sus beneficios.

– Finalmente, tenemos la necesidad y por su parte, esta muestra dependencia, no conseguir el objetivo produce impotencia y se traduce en rabia. Un claro ejemplo sería el caso de la joven pareja que se ha separado, y que debido al abusivo precio de los alquiles, ninguno de los dos puede dejar el apartamento.

Dependen uno del otro para poder pagar un techo donde cobijarse y por ende, tienen que convivir de manera obligatoria. No se soportan, pero no les queda más remedio que estar juntos. Luego, otro ejemplo sería la nota mínima requerida para aprobar un examen: necesitamos obtener un 7 como sea, no conseguirlo, significa el suspenso y así con muchos más ejemplos: necesitamos el vehículo para ir al trabajo, necesitamos el aumento salarial que nos han prometido para así, no llegar a fin de mes tan ahogados.

Así que, entendido sus diferencias, la próxima vez que no consigas lo que te propones, antes de frustrarte o enfadarte, analiza y razona qué estás buscando y a partir de aquí, sabrás qué emoción expresar y sobre todo, con qué intensidad hacerlo. Ciertamente, la sensación es la misma para los tres conceptos, pero la expresión emocional puede y debe ser distinta, porque no es lo mismo comer por necesidad, que hacerlo por placer.

Cuando es por la primera opción, nos comeremos lo que nos pongan o lo que nos encontremos en el suelo. Sin embargo, cuando es por la segunda, seremos capaces hasta de pagar una fortuna por un simple trozo de carne o de pescado. De igual modo funciona cuando queremos un vehículo, si lo necesitamos para ir al trabajo, nos compraremos uno que se adapte a nuestras necesidades.

No obstante, cuando es un deseo o simplemente lo queremos, no escatimaremos en añadirle extras y en ocasiones, incluso superarán el propio valor del vehículo. Pero en el amor es todavía peor, cuando necesitamos a alguien para ser felices o sobrevivir, sólo nos espera el malestar y la desgracia, porque dependemos de esa persona, hemos delegado en ella nuestro bienestar.

Quien está en esta situación, incluso se deja humillar con tal de conseguir su aprobación o atención, se repite continuamente frases como: – te necesito, sin ti no puedo respirar, alimentarme o tener donde resguardarme del mal tiempo –.

Podemos ver que es un comportamiento exagerado y además, autodestructivo. La verdad y por suerte, no necesitamos a nadie para este fin, pero muchas veces la persona se abandona a su suerte y acaba siendo dependiente de otros.

En conclusión: fíjate en tu entorno más cercano y verás cuánta gente está llena de deudas por no saber distinguir entre estos tres conceptos: necesito este coche para ser alguien, necesito ser propietario de una vivienda para no ser inferior a mis vecinos, necesito ir vestido con la ropa más cara para ser respetado por los demás, etc.

Ahora sí y cambiando de tema, veamos la historia del adolescente que sufrió bullying: este muchacho, harto de las burlas y agresiones físicas recibidas por sus compañeros de clase debido a su aspecto físico, decidió que era hora de cambiar la situación y era consciente de que lo primero que tenía que hacer, era cambiar su actitud.

Dado que no podía enfrentarse a ellos físicamente, tenía que hacerlo intelectualmente y empezó a leer y ver documentales para adquirir cultura general ya que, cualquier cambio personal requiere de un esfuerzo mínimo y el chaval, lo había asumido, ¡quería hacerlo!

Así mismo, también se apuntó al gimnasio para ganar masa muscular y de manera inevitable, aumentó su autoestima y es que somos un binomio, la mente y el cuerpo van de la mano, uno influye sobre el otro, *mente sana en cuerpo sano y viceversa.*

El adolescente tenía claro que tanto el esfuerzo físico, como el mental crean hábitos saludables y ayudan a mantener las nuevas rutinas adquiridas. Pero lo que nunca se imaginó, es que viendo los documentales de historia y geografía, se iban a despertar sus ganas de recorrer el mundo.

Igualmente, también entendió que nada era eterno ya que la historia se lo había demostrado: Roma fue un gran imperio y a día de hoy, es sólo un hermoso recuerdo. Estos conocimientos que adquirimos estudiando historia y geografía son una fuente de inspiración muy buena para recorrer el planeta.

Así que, se motivó asimilando que únicamente tenía que soportar a sus compañeros de clase durante dos años más y el problema se resolvería por sí solo, desaparecería, porque cambiaría de centro escolar. Así pues, se dedicó a sus estudios y paralelamente, también en la mejora de su gestión emocional para no enfermar dado que, no era fácil soportar diariamente las agresiones.

No quería caer en el efecto Pigmalión negativo y acabar creyéndose que era inferior a los demás. Por otro lado, también hay que decir que este cambio de perspectiva le vino por la mejora de su autoconcepto, gracias a haber ganado masa muscular y adquirir cultura general.

En resumen, que su determinación y constancia le han llevado a ser a día de hoy un adulto sin complejos y es que, la actividad física practicada de manera regular e intensamente provoca cambios cerebrales positivos, dando lugar a la mejora de nuestro bienestar mental. Con esto último me estoy refiriendo a que, estando sanos mentalmente, somos más conscientes de que la vida es más corta de lo que parece, en cuanto nos damos cuenta, hemos pasado de ser menores de edad, a tener 30 años.

De estar en la escuela sin preocupaciones económicas a estar pagando una hipoteca y algunos incluso, han formado su propia familia. Pero desgraciadamente, hay una pequeña parte del planeta que no se cuestiona nunca sus costumbres y menos aún, sus miedos, dando como resultado una vida limitada intelectualmente y llena de frustraciones.

Gente que puede resumir su vida en ir del trabajo a casa y viceversa y los días de descanso semanal, los dedica a hacer la compra y los quehaceres domésticos. Con lo cual, se mueve por sus prejuicios y por lo tanto, jamás viajará a ciertos lugares del planeta y si llega a hacerlo, no disfrutará de la experiencia, porque irá con una idea preconcebida y no podrá evitar caer en la profecía autocumplida. Se comportará e interpretará la realidad según su visión del mundo, a través de sus creencias y que lamentablemente, están basadas en la generalización de las situaciones.

No tiene en cuenta que todos tenemos virtudes, cualidades y defectos diferentes, aunque la escuela se empeñe en demostrar lo contrario y nos eduque a todos por igual. De ahí que, haya gente que adquiera creencias erróneas sobre sí misma, como, por ejemplo: ser inútiles, despistados, hiperactivos, perezosos, etc. condicionando así su viaje y encontrándose con más obstáculos de los necesarios.

En fin, que, según la educación recibida y nuestro autoconcepto, recorreremos un camino asfaltado y con autopistas, o por el contrario, lo haremos en un camino de tierra y montañoso, por eso mismo, hay que disfrutar más de la vida y no lamentarse tanto.

Nadie conoce el motivo de nuestra existencia, por lo tanto, mientras lo encontramos disfrutemos del momento: viajemos, bailemos, cantemos, compartamos alegrías, etc., tenemos la capacidad de condicionar los sentimientos, porque aunque las emociones son inevitables, los sentimientos por su parte, pueden ser manipulados a nuestro favor.

Es más, para que se entienda mejor esto último, lo explicaré con el ejemplo de las artes marciales: si alguien intenta golpearnos, instintivamente cerramos los ojos o nos quedamos paralizados y si podemos anticiparlo, huimos del lugar. Sin embargo, el practicante de artes marciales esquiva el golpe y simultáneamente, lanza otro y si lo puede anticipar, lejos de huir, se enfrenta al agresor.

De tanto practicar ha modificado el instinto de autoprotección y lo ha condicionado a defenderse a través de la lucha. Pues con los sentimientos sucede exactamente igual, no tenemos que dramatizar las situaciones dado que, la gran mayoría de las veces no son tan importantes como parecen, sólo que nuestra mente las magnifica.

Se podrían definir más bien como situaciones o momentos incómodos pero que con un cambio de perspectiva, anulamos la aparición del sentimiento negativo o por lo menos, lo suavizamos. Ahora, tampoco es cuestión de volvernos fríos como el hielo, se trata más bien de valorar emocionalmente las situaciones en su justa medida y de esta manera, expresar las emociones más adaptativas y esto se consigue analizando el objetivo principal de la situación.

Si vemos que la situación no ha sufrido grandes cambios, las emociones que expresaremos no tienen que ser catastrofistas, en todo caso serán desagradables, pero no podemos permitir que nos anulen la alegría y la ilusión que teníamos en un primer momento. Estoy hablando de la capacidad de adaptación y esta es más elevada si tenemos una actitud optimista dado que, sus dos valores principales son la proactividad y la resiliencia.

Siendo proactivos, decidimos en todo momento la intensidad de las emociones y sobre todo, cuáles proyectamos y siendo resilientes, nos adaptamos más rápido a ellas. Es más, ya que siendo proactivos podemos decidir sobre nuestro estado anímico, intentaremos buscar siempre la parte positiva de las situaciones, pero sin obviar por ello, la realidad.

Definitivamente, que nos cancelen el vuelo, una vez estamos en el aeropuerto o que se retrase de cuatro horas y que debido a ello, perdamos la conexión para volar a nuestro destino final, claro que no es placentero, pero, por nuestra parte, nada podemos hacer al respeto.

Así pues, si tenemos buena capacidad de gestión emocional, la situación será menos estresante. Nos imaginaremos el peor escenario posible y viendo que la realidad no es tan grave, nos lo tomaremos con más calma. Estamos en la otra parte del mundo y cosas mucho peores pueden suceder, como, por ejemplo: perder el pasaporte, la tarjeta de crédito, enfermar, que nos asalten, etc.

Se trata de disfrutar más y sufrir menos ya que, aun viviendo la misma realidad, según la gestionemos, le daremos un significado u otro. Con lo cual, puede perjudicarnos emocionalmente o quedarse en una simple anécdota más de los viajes. Con esto quiero decir que, no es lo que nos sucede, si no, cómo lo interpretamos ya que esto último, es quien nos condiciona emocionalmente.

Se podría decir que objetivamente no habrá cambios, sin embargo, no así subjetivamente, por lo tanto, puede convertirse en un calvario, en una sucesión de sentimientos catastrofistas o por el contrario, en un cúmulo de sensaciones placenteras o por lo menos, indiferentes.

Así mismo, prosigo con otro ejemplo: digamos que queremos ir de viaje a la República Dominicana, pero para ello, tenemos que tomar el avión y por desgracia, tenemos pánico a volar. Pues una opción es ponerse los audífonos para escuchar música, audiolibros o documentales que previamente en casa, ya habremos creado la asociación de tranquilidad con escuchar sonido a través de ellos.

Así, en cuanto surja la temida emoción, nos ponemos los audífonos y en cuanto emitan el sonido, nos relajaremos, porque, aunque estemos en el avión, nuestra mente estará en casa. El objetivo final es distraer la mente y alejarla del vuelo o por lo menos, durante el despegue o el aterrizaje, que suelen ser los dos momentos más angustiosos de la gente que tiene pánico a volar.

Ahora explicado esto, quiero diferenciar entre los conceptos viajar y estar de vacaciones, porque, aunque parezcan lo mismos, no lo son: estar de vacaciones no es sinónimo de estar viajando, ni mucho menos. Simplemente, significa dejar de trabajar durante un tiempo determinado de forma voluntaria. Por su parte, viajar, significa, trasladarse de un lugar a otro, sin importar el medio de transporte, ni el tiempo invertido.

Como verás, podemos estar de vacaciones y no movernos de nuestra zona residencial y también, podemos estar viajando y trabajando al mismo tiempo. Así pues, quien pueda juntar ambos conceptos es afortunado porque está de vacaciones y viajando simultáneamente. Igualmente, también hay que decir, que no es tan difícil juntarlos dado que, siempre podemos viajar por nuestra ciudad o país. Ten presente que hay mucha gente que se gasta bastante dinero en venir a conocer nuestro lugar de residencia.

Seguramente, hay muchos lugares interesantes que visitar a menos de 400 kilómetros de nuestra casa, lugares que por nuestra rutina diaria no podemos ir a visitarlos.

Pues estando de vacaciones es el momento idóneo para hacerlo y a su vez, otra opción disponible es no hacer nada, quedarnos en casa y dejar que vayan pasando los días, porque el factor importante es dejar de trabajar durante un tiempo, dejar de lado esta obligación que todos tenemos y dedicarnos a saborear el tiempo.

Ese preciado concepto que todos anhelamos, tiempo para hacer lo que queramos. Al mismo tiempo, no descansar es el camino directo a la depresión, a la ansiedad y también, casi seguro, a la posible baja laboral por agotamiento, tanto físico, como mental. Con lo cual, estando de vacaciones, aparte de quedarnos en casa leyendo, viendo la televisión o hacienda bricolaje, también podemos ir a la piscina pública, playa, pasear por las cercanías, por la montaña, practicar deporte, etc.

Dependiendo de nuestro lugar de residencia, haremos unas cosas u otras y es que estar de vacaciones, no significa que tengamos que viajar necesariamente, eso se hace por placer, no por obligación. No entremos en la dinámica de movernos por inercia y hacer lo mismo que los demás, sin cuestionarnos si realmente lo queremos, lo necesitamos o lo deseamos, como ya he explicado antes.

No todo el mundo tiene la necesidad de conocer lugares nuevos, cada uno, tenemos nuestros motivos para viajar. Unos lo hacemos por placer, otros por obligación y otros, por aburrimiento. Aunque, estos últimos, hay que decir que son personas que no saben estar con consigo mismas, no saben o tienen miedo de enfrentarse a su realidad.

Así que, uno de los objetivos de este libro es entender que, si no podemos viajar durante nuestras vacaciones, no es el fin el mundo, porque siempre podemos recorrer los alrededores de nuestro lugar de residencia.

Eso sí, hay que obligarse a disfrutarlas, a saber estar sin trabajar y esto conlleva también, obligarnos a parar como mínimo un par de veces al año, aunque sea una semana cada vez, que vienen siendo apenas 14 días de los 365 que tiene el año.

No son nada y además, nuestro organismo nos lo agradecerá, no tenemos que caer en la tentación de trabajar sin cesar, sin descanso, sólo para acumular dinero. Está bien generar ingresos, pero no en detrimento de nuestra salud ya que, una vez perdida, recuperarla cuesta bastante y en ocasiones, económicamente puede salir muy caro.

Entre algunos problemas físicos que aparecerán son: dolores de cabeza, de articulaciones, de pies y de manos, dando como resultado un carácter agrio e irascible porque no soportaremos el dolor. Nos sentiremos incapacitados para continuar con nuestro ritmo de vida y por ende, nos alteraremos por nada, nos volveremos insoportables y como resultado, alejaremos a los demás, porque nadie quiere estar con alguien así.

Como verás, todo son desventajas y vuelvo a repetirlo, tenemos que obligarnos a parar, a dejar de trabajar, porque cuando caigamos enfermos, cogeremos vacaciones forzadas sólo para recuperarnos. Nos quedaremos en casa tumbados en la cama o en el sofá, lamentando nuestro estado físico y sobre todo, emocional y de nada servirá todo el dinero acumulado que tengamos.

Es más, estaremos dispuestos a gastarlo en medicinas y médicos con tal de recuperarnos. Por lo tanto, – ¿Por qué no parar antes de enfermar? –

Igualmente, conviene subrayar que las vacaciones son un derecho adquirido, las hemos conseguido gracias a los sindicatos: a base de negociar con el gobierno y los empresarios. Se han creado para que nuestro organismo pueda descansar y lamentablemente, hay quien lo mal interpreta.

Lo enfoca como unos días extras para ganar más dinero, intercambia su descanso por dinero. Seguro que le aporta algún beneficio a corto plazo, pero lamentablemente, con el tiempo, si no cambia de hábito, su cuerpo dirá basta. Su corazón dejará de latir o su cerebro se desconectará, se convertirá en un vegetal de hospital, formará parte del mobiliario del centro médico, se habrá convertido en un número de habitación más.

Así pues, – ¿Ves la importancia de hacer vacaciones, de la desconexión laboral? – Ten esto presente: si por el motivo que sea, no puedes permitirte hacer vacaciones, intenta por lo menos juntar tres o cuatro días de vez en cuando.

Digamos, cada tres meses y disfruta de tu ocio porque a largo plazo es muy importante para mantener la salud mental, es necesario para despejar la mente y poder descansar de las tensiones de la vida cotidiana. Es de vital importancia porque nos otorga un flujo de energía y consecuentemente, nos permite ampliar y mejorar nuestro círculo de amistades dado que, es una forma de socializar.

Como he escrito en la introducción, la vida es un viaje y nosotros podemos ser meros espectadores o los protagonistas, los viajeros, los que recorremos el planeta o por lo menos, una parte de él. Una opción puede ser empezar haciéndolo a través de los ojos de otros, de las aventuras que nos cuentan en sus libros, documentales y más adelante, seguir sus pasos.

Aunque hay que decir, que es la manera más común, porque ya desde pequeños recogemos información sobre muchos lugares del planeta gracias a la escuela. A su vez, las dos asignaturas maestras en este aspecto, son la historia y la geografía: nos explican de dónde procedemos y cómo hemos llegado hasta la fecha actual.

Personalmente, ha sido historia la que me ha influenciado y posteriormente, motivado a viajar alrededor del mundo, empezando por España y llegando hasta la otra parte del planeta, pasando por los cinco continentes y visitando más de 80 países y cientos de ciudades y pueblos.

Cuando estaba en clase y la profesora nos comentaba la época romana, la conquista de España por parte de los moros, el holocausto judío, el descubrimiento de América y muchos más relatos, me entraban ganas de estar ahí en persona y poder verlo con mis propios ojos.

Recorrer Andalucía para ver la Alhambra de Granada, la mezquita de Córdoba, la plaza de España de Sevilla, ir a Galicia para visitar la torre de Hércules, en La Coruña, o La Sagrada Familia en Cataluña, en la ciudad de Barcelona, etc.

De manera semejante, quería hacer en Francia, aparte de recorrerla para ver sus majestuosos castillos medievales, me hacía mucha ilusión visitar las playas de Normandía y así, ver con exactitud dónde tuvo lugar el desembarque de la segunda Guerra mundial por parte de los aliados.

Al mismo tiempo, también quería conocer Italia, para presenciar el majestuoso Coliseo de Roma, ver dónde se dejaban la vida esos míticos gladiadores para luego, proseguir recorriendo la Toscana en tren y así, con el resto del planeta.

Lugares fascinantes y que con algo de tiempo y dinero están al alcance de cualquiera, sólo hace falta tener el valor de dar el paso. Así mismo y gracias al avión, casi ningún lugar del planeta está a más de 15 horas de distancia, es embarcar en un continente y desembarcar en otro.

Luego, otro factor interesante a tener en cuenta si tenemos manías a la hora de comer, es que la alimentación está globalizada.
Encontramos las mismas cadenas alimenticias en todo el planeta: pizzas, sándwiches, asados, kebabs, pasta, patatas fritas, cervezas, vinos, refrescos, aguas, etc. Con lo cual, podemos estar comiendo una hamburguesa en nuestra ciudad y tener el mismo sabor que la que nos comimos la semana anterior, en la otra parte del mundo.

También, podemos estar tomando un café en una cadena de cafeterías de nuestra ciudad y dejarnos el mismo sabor de boca que el que nos tomamos el día anterior, en una ciudad a más de 3.000 kilómetros de distancia.

Así mismo y retomando los vuelos: si viajamos en el mismo continente, ya estamos hablando de un máximo de 7 horas y ya no te digo si es en el mismo país, ¡lo reducimos a minutos!

Con lo cual, disponiendo de apenas un par de días, podemos viajar por nuestro país o continente sin muchas complicaciones. Es decir, podemos vivir en Madrid e ir a Roma a comer una pizza y volver el mismo día, si así lo queremos. En definitiva, que en cuanto conseguí la libertad económica para costear mis propios viajes, decidí ir a esos lugares y actualmente, es lo que hago: intentar ver en persona los lugares que he estudiado en las asignaturas de historia y geografía.

Por otra parte, también es cierto, que un viaje te lleva al siguiente y es que además, en cada uno aprendes cosas diferentes o por lo menos, refuerzas los conocimientos adquiridos en los anteriores. Es como una adicción: si te gusta, quieres repetir y por eso mismo, lo he convertido en mi modo de vida: trabajar y ahorrar, para así, poder viajar pero igualmente, no me olvido de disfrutar del presente, del momento.

Tengo en cuenta las enseñanzas del mindfulness y por eso mismo, no dejo de lado el ejercicio físico, porque como he mencionado más arriba, para poder movernos libremente y disfrutar de los lugares que visitamos, hay que tener un mínimo de condición física.

Por lo tanto, también soy deportista y así puedo caminar sin cansarme tanto y, además, soportar mejor los cambios horarios entre continentes (jet lag), estando en buena condición física es más fácil conciliar el sueño y de igual manera, mejoramos su calidad, porque es un sueño reparador.

Por consiguiente, puedo afirmar que soy viajero, pero como no soy millonario, lo hago de manera austera: vigilando y controlando los gastos para así, poder viajar más veces durante el año. Viajo en denominación low cost (viajes baratos o por lo menos, no muy caros).

Así pues, para ilustrar mi modo de viaje low cost y que se entienda mejor, me remito al ejemplo anterior del vuelo de Madrid a Roma: si yo fuera el viajero, seguramente, el vuelo de ida y vuelta no me costaría más de 30€ y si además, decidiera quedarme a dormir una noche ahí, el hospedaje tampoco superaría los 20€.

Esto es así, porque reservo con bastante antelación y también, porque soy minimalista, viajo ligero de equipaje porque a base de viajar, me he vuelto muy práctico. Si me voy menos de 5 días, no facturo ni siquiera el equipaje de mano, el que va en cabina. Con una pequeña mochila que quepa debajo el asiento delantero, tengo suficiente.

Con esto quiero reafirmar que ser minimalista es esencial para encontrar viajes baratos y paralelamente, disfrutar de ellos, ya que, en muchas ocasiones es más caro facturar el equipaje que el propio billete de avión. Es inexplicable, pero es una realidad, una maleta que pesa 20 kilos, muchas veces paga más que una persona de 90 kilos.

Podemos volar de Barcelona a Londres por tan sólo 20€, pero si le añadimos el equipaje, se nos puede disparar a 35€ o más y así, con cualquier servicio extra que agreguemos. Normalmente, los precios rondan entre los 15€ y 30€ por facturar el equipaje de mano y el que va en bodega, suele ser el doble o más, dependiendo siempre de las compañías aéreas.

Aunque, también es cierto que algunas lo incluyen en el precio del billete y por lo tanto, nos dejan facturar ambos gratuitamente o por lo menos, el de mano. Pero por otro lado, todas nos limitan tanto su peso como su tamaño: el de cabina, no puede superar los 8-10 kilos y con unas medidas no superiores a 55cm x 40cm x 20cm.

Por su parte, el de bodega ronda los 23 kilos y además, las medidas no son tan restrictivas. Aunque también hay que decir, que si lo llevamos debajo del asiento delantero, no nos lo cobran, lo podemos transportar gratuitamente, pero las medidas se reducen más o menos a 40cm x 20cm x 25cm y el peso permitido no suele diferente al de mano.

Por lo tanto, según los días que nos vayamos de viaje, el lugar y sobre todo, la comodidad que queramos tener en el momento de cargar con el equipaje, elegiremos una opción u otra. También, otro motivo por el que raramente facturo el equipaje en la bodega del avión aunque sea gratis, es por el tiempo de espera que me ahorro.

No tengo que esperar a que lo envíen a la cinta transportadora y eso, cuando no se pierde por el camino y llega con varias horas de retraso, o incluso días. Cuando el viaje es de regreso no hay muchos inconvenientes, pero cuando es el de ida, estar sin él durante unos días, no es que sea muy agradable, ¡la verdad!

Los que hemos vivido esta experiencia, sabemos lo que se siente pero, igualmente y cambiando de tema, también tenemos la opción de desplazarnos en tren o en autobús sin tener que pagar una fortuna. Buscando con antelación, podemos encontrar trayectos de más de 600 kilómetros por apenas 20€ y además, con el equipaje incluido, tanto el de mano, como el de bodega.

Pero respecto al equipaje, quiero hacer hincapié en que el viajero minimalista, que es mi caso y por lo tanto, me incluyo en él, sólo transportamos ropa para dos o tres días y después, la lavamos en una lavandería o muchas veces el mismo hospedaje ofrece este servicio y claro está, lo hacemos ahí mismo. De esta manera podemos viajar sin demasiado equipaje y por encima, siempre lo tenemos limpio y sin arrugas, ¡planchado y doblado!

Por otro lado, ya que he mencionado el alojamiento, la mayoría de las veces me hospedo en albergues (hostels), comparto habitación con más gente y me gusta porque son lugares limpios, céntricos y acogedores. Son lugares que aun yendo solos, jamás nos sentimos, ni estamos solos, porque acabamos interactuando con más viajeros, hablamos de los viajes que hacemos y compartimos las experiencias.

Es increíble cómo podemos encontrar verdaderas gangas reservando con una antelación de unos cuatro meses y, es exactamente lo que te voy a explicar ahora, cómo es nuestro perfil, el del viajero: somos prácticos y minimalistas, hemos convertido nuestra pasión en nuestro modo de vida: trabajar, juntar dinero e irnos de viaje. Nuestra preferencia es viajar, pero para poder hacerlo, primero hemos tenido que invertir tiempo y esfuerzo en adquirir inteligencia emocional y financiera.

Gracias a ellas hemos conseguido una fuente de ingresos estable y podemos dedicar una parte de ellos a nuestra pasión. Eso sí, te estoy hablando del viajero trabajador, del que depende de un ingreso económico mensual para poder realizar sus viajes, no importa si es empleado, o autónomo. No me estoy refiriendo al que tiene la vida resuelta económicamente y puede vivir sin trabajar.

Ciertamente, hay gente que tiene la suerte de poder vivir así, pero la del trabajador es diferente, así pues, tiene que buscarse la vida para poder hacerlo y una manera eficaz de lograrlo es adquiriendo y potenciando las dos inteligencias mencionadas.

Por lo tanto, con la financiera controlamos la gestión de nuestro dinero, encontramos vuelos y hospedajes a precios bastante reducidos (low cost) y con la emocional, no nos dejamos influenciar por la opinión de los demás (basada en miedos y prejuicios sociales).

Tenemos claro qué estilo de vida hemos escogido y no permitimos que las ideas catastrofistas e inseguridades de los demás interfieran en nuestro camino. Es decir, los miedos e inseguridades de los demás, los tenemos en cuenta, pero, no permitimos que interfieran en nuestros viajes. También, como somos minimalistas, no tenemos muchas posesiones porque valoramos más su función, que el simple hecho de tenerlas.

No solemos acumular objetos, más bien acumulamos recuerdos, experiencias, emociones y sensaciones. Nuestra filosofía de vida austera es el resultado de los conocimientos adquiridos durante nuestros viajes, los hemos plasmado en nuestro modo de vida, en nuestra manera de entenderla.

Somos conscientes de que si viajando alrededor del mundo con una mochila de apenas 10 kilos, tenemos lo necesario para vivir cómodamente, en nuestra casa tiene que ser algo similar, tener lo justo y necesario para disfrutar del bienestar.

Luego, dependiendo del lugar de residencia, nos desplazamos en transporte público o tenemos el nuestro propio, lo escogemos a favor del que menor gasto económico nos suponga, para así, poder dedicar más cantidad de dinero a viajar.

Después y referente a nuestro equipaje, únicamente cargamos con lo indispensable: algo de ropa, productos higiénicos y algún aparato electrónico, todo lo demás, lo solemos alquilar en los lugares donde nos quedamos. Así mismo, aunque nos encanta viajar, también nos gusta nuestro lugar de residencia y cuanto más viajamos, más lo amamos. Es nuestro refugio, el lugar donde recuperamos la energía y estamos completamente a gusto.

Esta sensación de tranquilidad la encontramos gracias a relativizar las condiciones de vida de los lugares que visitamos, y por suerte, siempre acabamos sacando conclusiones a favor del nuestro. Antes he dicho recuperar energía porque contrariamente al vacacionista, el viajero nos desgastamos físicamente, vamos de un lado a otro, nos gusta caminar y recorrer los lugares que visitamos.

No tenemos como objetico principal ir a relajarnos o desconectar de las obligaciones diarias, es más bien, conocer lugares nuevos, mimetizarnos con ellos e interactuar con sus habitantes.

Queremos informarnos de su modo de vida y aprender de ellos para así, mejorar el nuestro, porque aunque todos seamos humanos, dependiendo del lugar de residencia, tenemos unas creencias u otras y dos buenos ejemplos son el del automóvil y los complejos que he expuesto anteriormente.

Así mismo, rompemos estereotipos culturales y no juzgamos a los demás ni por su origen, ni por su apariencia, ni por sus posesiones, ya que hemos estado en esos lugares y entendemos su forma de pensar y comportarse.

A su vez, otro factor a tener en cuenta, es la poca influencia que tienen los medios de comunicación sobre nosotros, porque estamos viviendo personalmente, los sucesos que ellos están narrando: guerras, conflictos, catástrofes naturales, miseria, pobreza, riqueza, poder, alegrías, etc.

Ellos dan su versión de los hechos y nosotros hacemos exactamente lo mismo, los interpretamos por lo que estamos viendo *in situ*, y muchas veces, no tienen nada que ver. Es la misma realidad, pero narrada de manera diferente, ellos lo hacen por algún interés en concreto y nosotros, por nuestra personalidad y maneras de ser y en parte también, porque tenemos mente crítica y nos cuestionamos las cosas antes de juzgarlas. Por suerte, no necesitamos que nos cuenten cómo piensa, ni vive la gente de ciertos lugares, hemos estado ahí y tenemos nuestra versión de los hechos, porque hemos interactuado con ella.

Al mismo tiempo, también tenemos memoria selectiva, valoramos más unos recuerdos que otros, en función de si son productivos o perjudiciales, porque somos capaces de disociarlos. Digamos que sufrimos una agresión durante uno de nuestros viajes, pues una vez regresamos a casa y analizamos el viaje, le damos más valor emocional a los recuerdos positivos que a los negativos.

Si no lo hiciéramos así, seguramente nos traumatizaríamos y dejaríamos de viajar: el miedo a revivir una experiencia parecida nos mantendría paralizados o en un estado de ansiedad continuo. Así pues, aun teniendo presente la mala experiencia, nuestra mente no la generaliza a todo el viaje, sabe que sólo fue una parte del mismo y gracias a esta manera de pensar y razonar, nuestro optimismo se mantiene intacto.

Es más, cualquier circunstancia desagradable la entendemos como parte del viaje y en consecuencia, nuestro estado anímico no se ve alterado tan fácilmente: el retraso del vuelo o tren como expuse anteriormente, los atascos en las grandes ciudades, la dificultad para hacernos entender, etc. somos consciente de todo esto antes de emprender el viaje y lo asumimos.

Entendemos que una vez salimos de nuestra casa, puede suceder de todo y por ende, aceptando este hecho, vivimos menos ansiosos. Si utilizamos la estadística, veremos que cuanto más nos movemos, mayor es la probabilidad de perdernos o sufrir contratiempos y por eso mismo, sería ilógico no entenderlo como una parte inevitable de los viajes. Más aún, gracias a ellos nos mantenemos ilusionados y vivimos cualquier viaje como si fuera el primero, cuando apenas teníamos experiencia y todo nos asombraba.

Por otro lado, son una forma de aumentar nuestro umbral a la frustración y de reforzar la actitud proactiva ya que, en muchas ocasiones, aun hablando el inglés, nos encontramos con gente que no lo entiende y tenemos que acudir a la conducta no verbal (miradas y gestos). Pero gracias a nuestro optimismo, sabemos que finalmente lo solucionaremos y este hecho pone a prueba nuestra paciencia, que ya de por sí, es elevada.

Esta virtud está forjada en parte, por la cantidad de horas muertas que pasamos en los aeropuertos, porque o estamos haciendo escalas entre vuelos o porque, estos despegan pronto y tenemos que pasar la noche ahí mismo. Pero, de todas formas, no pueden considerarse horas desperdiciadas ya que, gracias a internet, las dedicamos a mejorar nuestra cultura: leemos, vemos documentales, películas o preparamos los próximos viajes.

Nos comportamos exactamente cómo he mencionado más arriba sobre vivir el presente, pero pensado en el futuro. Estamos saboreando la estancia en los aeropuertos, pero al mismo tiempo, estamos preparando el camino que recorreremos una vez lleguemos a nuestro destino. Esta manera de comportarnos nos beneficia de dos modos diferentes: uno, porque el tiempo de espera se nos hace más corto ya que, lo estamos disfrutando y el segundo, es que estamos ahorrando tiempo en el siguiente trayecto o viaje y de esta forma, una vez estemos ahí, tendremos menos preocupaciones y por ende, disfrutaremos más.

No olvides que es nuestro modo de vida y lo queremos productivo, que nos sea rentable. Son actos placenteros y lo estamos haciendo exactamente, para luego tener más tiempo, y así, dedicarlo a caminar o descansar si es necesario. Tenemos siempre en cuenta que el tiempo es limitado y por eso mismo, queremos aprovecharlo al máximo.

De ahí que, cuando tenemos que cumplir con nuestras obligaciones laborales y estar un tiempo sin viajar, disfrutamos también de ellas. Las entendemos como necesarias para mantener nuestro modo de vida y consecuentemente, les asociamos sentimientos neutros e incluso a veces, divertidos.

Igualmente, también nos alejamos de los chismes laborales o simplemente, nos reímos de ellos, no les damos mayor importancia. Sabemos que forman parte del trabajo en grupo y cuanta más gente forma parte del mismo, mayor cantidad de chismes surgen.

Gracias a la inteligencia emocional, entendemos cómo las carencias afectivas producen trastornos mentales o distorsionan bastante la realidad, provocando así, que surja la envidia o el deseo de hacer el mal a los demás.
Un comportamiento común entre la gente chismosa y aburrida, que no tiene nada más que hacer que hablar de la vida de los demás.

Pero, como he dicho anteriormente, teniendo en cuenta que los viajeros somos pacientes y valoramos el tiempo, sabemos que las situaciones no duran eternamente, ya sean buenas o malas e inevitablemente, nos quedamos más con los buenos momentos que con los malos.

Al mismo tiempo, vivimos todo el año como si estuviéramos viajando y vuelvo a repetirlo otra vez: es un estilo de vida austero y paralelamente, también determinante. Nuestro objetivo principal es ahorrar para viajar y consecuentemente, vamos a trabajar contentos porque es la fuente que subvenciona nuestro modo de vida: ¡sin trabajo, no hay viajes!

Por lo tanto, cualquier persona que tenga una fuente de ingresos estable puede viajar y es más, quien no lo hace es porque no quiere dado que, los precios son muy asequibles y en muchas ocasiones, incluso irrisorios. No entraré en las deudas de cada uno, porque una vez somos mayores de edad, todos tenemos la opción de escoger nuestro propio modo de vida.

Hay quien prefiere endeudarse una gran parte de su vida en una vivienda o en otros préstamos, pero aun así, ha sido decisión suya y es respetable. El objetivo del libro es explicar que si queremos, podemos recorrer el mundo sin tener que gastar una fortuna, pero como he mencionado anteriormente, programando el viaje con antelación.

Haciéndolo de este modo, encontramos ofertas increíbles y adaptadas a los bolsillos de cada uno. Incluso, en algunas ocasiones nos puede salir más barato que viajar con nuestro propio vehículo, porque viendo cómo está el precio del combustible, es una ruina utilizarlo. Además, seguramente, también haya que sumar los peajes de las autopistas y el hecho de pagar para aparcar, que dependiendo del lugar, supera los 30€ diarios.

Con lo cual, viendo cómo está el panorama y las ofertas que nos plantean algunas agencias de viaje o las mismas empresas de transportes, es un condicionante a tener en cuenta antes de decidir el lugar donde queremos viajar y en qué medio de transporte hacerlo. Podemos ir con nuestro propio vehículo o alquilar uno ahí mismo, como también podemos movernos en autobús, en barco, en tren o en avión. Según nuestra economía e intereses particulares, haremos una cosa u otra, pero igualmente, la cosa no acaba aquí, ya que a estas ofertas también se les une la industria del hospedaje.

Establecimientos que nos permiten dormir en sus camas, por no mucho dinero, la cuestión es ser previsores y reservar con antelación, como ya he mencionado en varias ocasiones. Podemos hospedarnos en albergues, como hago yo la mayoría de las veces, en pensiones, en apartamentos turísticos, campings, hoteles, etc.

La variedad es enorme y adaptada al bolsillo de cada uno, por lo tanto, una vez tengamos claro dónde queremos ir, tenemos que dar el paso y asegurar el viaje, tanto del transporte como del hospedaje y de esta manera, podremos viajar sin gastar mucho dinero. La cuestión es como he mencionado anteriormente: ser minimalistas y no depender de muchas cosas para disfrutar del viaje.

Todo esto sería por parte del transporte, pero es que por el lado del hospedaje, sucede algo similar como ya he mencionado. Con lo cual, viajar low cost no está reñido con abandonar la comodidad y calidad de las instalaciones.

Lo más importante es que estos establecimientos no estén ubicados demasiado alejados del centro, para así poder movernos a pie, ya que utilizar el transporte público tiene que ser una elección, una comodidad y no una obligación para ir a visitar los puntos de interés de la ciudad o que nos llamen la atención.

Cómo ya he mencionado varias veces: ser viajero es un estilo de vida, una manera de ser y de hacer, se trata de ser austero. Porque no por el hecho de tener dinero, tenemos que dilapidarlo o gastarlo indiscriminadamente.

– ¿Por qué pagar 3.000€ por un viaje al Caribe de 10 días, cuando podemos gastarnos sólo 1.700€? – La persona que viaja barato es como lo ve. Pero, por otro lado, también está la que sólo puede viajar de este modo, le sería imposible hacerlo de manera convencional. Como estamos viendo, están las dos vertientes: la que lo hace por convicción, porque es su manera de ser y la que lo hace por necesidad, pero aun así, ambas comparten la misma ilusión por viajar.

Las dos dan preferencia a los viajes, a gastar o mejor dicho, a invertir su tiempo y dinero en adquirir y/o mejorar su cultura general. Luego, otra manera de no gastar tanto dinero en el momento de comer, es haciéndolo en el mismo lugar que los propios residentes.

Allí seguro que se come bien y a un precio más reducido que en cualquier otro lugar y simultáneamente, se pueden intercambiar ideas y aprender sobre sus costumbres y hábitos. Con lo cual, el aprendizaje cultural es mucho mayor y también, otro añadido es que el esfuerzo invertido en buscar ofertas o precios reducidos refuerza nuestra proactividad y con ella, el optimismo y la resiliencia.

Con el optimismo, tenemos la capacidad de decidir sobre nuestro estado anímico y con la resiliencia, nos adaptamos más rápido a él. Tenemos que tener en cuenta que no siempre encontraremos precios atractivos a la primera y por desgracia, si no sabemos controlarnos emocionalmente, nos frustraremos y dejaremos de buscar, dando como resultado los precios convencionales y condicionando así los viajes: tanto en su duración, como en su frecuencia y sus destinos.

Así pues y retomando la manera de vida austera, quiero explicarte cómo es vivir todo el año con la mente viajera: un pasaporte, un teléfono móvil y una tarjeta de crédito es lo único que necesitamos para sentirnos realizados y vivir en armonía con nosotros mismos, alejados de la ansiedad y de los estados depresivos.

Es un triada perfecta dado que, nuestra vida es minimalista en lo que a bienes materiales se refiere, los tenemos para su uso y una vez han sido utilizados, nos deshacemos de ellos, no los acumulamos sin más.

Así que, esta definición podría explicar la felicidad ya que, juntando esta tríada con las ganas de conocer lugares nuevos o de repetir los que nos gustan, somos felices: trabajamos, ahorramos y disfrutamos viajando. Cierto que la felicidad es subjetiva y que cada cual la entiende y busca a su manera y por lo tanto, esta sólo sería una más. Gastar una parte de nuestro dinero en viajar y vivir aventuras, salir de nuestra rutina diaria.

Pero es que inevitablemente, esto nos mantiene motivados para cumplir con nuestras obligaciones sociales, cambiamos su manera de interpretarlas. Las vemos de otro modo, no como impuestas por nuestro lugar de residencia, sino, como algo necesario para convivir con el resto de la sociedad.

Tenemos que trabajar, producir y pagar impuestos para luego, recibir ayuda del estado en caso de necesitarla. Gracias a los impuestos que pagamos, el gobierno puede ayudar financieramente a muchos jubilados y en ocasiones, dependiendo de su voluntad, también les subvenciona ciertos viajes.

Luego, también somos conscientes de que si sumamos el mes de vacaciones y los festivos, podemos irnos de viaje unas cuatro o cinco veces al año.

Dependiendo de las obligaciones laborales y familiares de cada uno, podemos hacerlo de diferentes maneras, como, por ejemplo: dos veces 14 días o cuatro veces 7 días, que vienen siendo las cuatro semanas de vacaciones que todos tenemos y además, si le sumamos los tres o cuatro puentes que hay durante el año, nos salen más de cinco viajes para conocer lugares nuevos o disfrutar de los que ya conocemos.

Algunos nos iremos a recorrer el mundo y otros, se irán al mismo lugar de siempre, pero aun así, ambos lo haremos con las mismas ganas de disfrutar. Viajando nos damos cuenta, que con poco tenemos suficiente para estar a gusto.

En una maleta o mochila de apenas 10 kilos cabe todo lo necesario: un ordenador y algo de ropa. Después, en los bolsillos del pantalón o de la chaqueta llevamos el teléfono, el pasaporte y la cartera de dinero. Con este kit de supervivencia tenemos lo básico para disfrutar donde sea que vayamos. Resumiendo lo escrito: esto viene a ser la filosofía de vida del viajero, ser minimalista y no acumular objetos innecesariamente.

Los bienes materiales están muy bien mientras cumplen su función, pero una vez realizada, es mejor deshacerse de ellos. – ¿De qué sirve tener tanta ropa, si siempre nos ponemos las mismas prendas? y de igual modo, – ¿De qué sirve tener la casa llena de muebles, si realmente los que más usamos son las sillas, la mesa y el sofá? –

La filosofía del viajero nos habla de la importancia de las fotos, del poder condicionante que tienen, de las asociaciones que hacemos con ellas, es verlas y recordar lugares y momentos vividos. Con esto quiero decir, que si te apegas al materialismo, pero no lo usas, es mejor sacarle fotos.

– ¿Qué más da verlo en imágenes que tenerlo guardado, si no haces uso de él? – Para que esté ocupando un espacio, mejor que esté en el ordenador o en el teléfono. Los viajeros es justo lo que hacemos, sacar fotos de los lugares que visitamos, no comprar objetos que nos los recuerden.

De este modo, cada vez que queremos recordar algún aspecto del viaje, recurrimos al teléfono y lo encontramos al momento. Es más, también las podemos guardar en la red ya que, internet nos facilita muchos sitios con este propósito y curiosamente, es justo lo que me explicó una pareja de jubilados franceses que conocí en Bucarest, Rumanía.

Tenían 78 y 80 años respectivamente, nos conocimos en la recepción del albergue, mientras esperábamos a que nos asignaran una habitación y casualidades de la vida, nos pusieron en la misma. Estaba compuesta de 8 camas, repartidas en 4 literas y mientras me estaba preparando para salir a recorrer la ciudad, la mujer me oyó hablar en español con el recepcionista y me preguntó por mi nacionalidad, que de dónde venía.

Empezamos a hablar y me comentó que estaban viviendo su jubilación viajando alrededor del planeta, querían conocer cuantos más países, mejor. Hacían viajes de 15 días cada dos meses, era un sueño que tenían desde jóvenes, pero por circunstancias de la vida, no pudieron realizarlo hasta haberse jubilado ambos.

Llevaban juntos 50 años, desde que ella tenía 28 y no pude resistirme a preguntarles cómo habían logrado para permanecer tanto tiempo juntos y su respuesta tiene relación directa con las dos inteligencias mencionadas anteriormente, la financiera y la emocional.

Gracias a su buena gestión económica y mental han podido sacar adelante a sus tres hijos, pagarles la universidad y aun así, han podido hacer frente a la hipoteca, la han reembolsado por completo y ahora son propietarios de un apartamento.

A su vez, como tenían claro el estilo de vida que querían llevar durante la jubilación, jamás desistieron en su idea de viajar alrededor del mundo.

Con mucho esfuerzo iban ahorrando una pequeña cantidad de dinero cada año y finalmente, con determinación y constancia, lo han logrado, vivir su etapa de jubilación viajando.

En consecuencia, como futuros viajeros sabían lo importante que es hablar varios idiomas y como tal, el marido aprendió inglés y ella, el español y por eso mismo, pudimos mantener una conversación fluida. Definitivamente, hoy día tenemos muchas facilidades para aprender idiomas, es entrar en internet y encontrar cursos por doquier.

Los hay de todos los idiomas y a unos precios muy competitivos e incluso, también podemos encontrarlos gratis. Pero retomando la historia de esta pareja viajera, te voy a contar cómo lo hacían: si tienes una pensión de jubilación mínima de 1.000€ mensuales, un apartamento en propiedad y buena salud, tú también puedes hacerlo.

El coste del hospedaje no suele superar los 15€ por noche, siempre y cuando vayas de albergues o de camping, porque un hotel, aunque a veces también ofrece estos precios, no es lo más habitual.

Entre ambos cobran 2.300€ de pensión, 1.150€ cada uno y como son propietarios de un apartamento, no tienen que destinar dinero al alquiler, sólo pagar la comunidad de vecinos. Una cantidad que rara vez supera los 1.500€ anuales, es decir unos 125€ mensuales, con lo cual, les quedan unos 2.000€ para disfrutar.

Cierto que también tenían la opción de alquilar el apartamento y con ese dinero, sumado a sus pensiones, podrían estar más tiempo viajando, pero su lugar de residencia les gustaba demasiado como para abandonarlo indefinidamente. Preferían irse de viaje quince días, cada dos meses y así, el resto del tiempo dedicarlo a hacer ejercicio físico por las mañanas en el gimnasio de su barrio y por las tardes, salir a pasear por la ciudad.

Como ya he comentado, están encantados con su lugar de residencia y además, tienen muchas amistades con las que comparten momentos muy agradables: desde tomar café en el bar, hasta salir a bailar o ir al cine. A su vez, el recepcionista con el que estaba hablando en español, también vive su jubilación viajando, pero tiene un motivo totalmente diferente, él lo hace por necesidad.

Este hombre es español, concretamente de Madrid, ciudad donde nació y vivió durante toda su vida, pero una vez jubilado, con la pensión del estado de 1.200€ que le ha quedado, no le alcanza para vivir en esa ciudad. Ahí un alquiler mínimamente decente no baja de los 900€ mensuales y si luego, le sumas la alimentación y la vestimenta, es totalmente inviable. Por lo tanto, decidió viajar a Rumanía y quedarse una temporada en su capital.

En este albergue ha hecho un trato win-win **"ganar – ganar"** con el dueño, es algo muy común en los albergues. Un contrato verbal, donde el propietario se ahorra el sueldo y el trabajador (viajero) puede hospedarse gratis, a cambio de trabajar unas horas en él: puede hacer la limpieza, el mantenimiento del edificio, encargarse de la recepción, etc.

Él, como aparte de hablar español, también habla inglés, llegó a ese acuerdo, trabajar en la recepción durante 4 horas por las mañanas, cinco días a la semana y a cambio, recibe alimentación gratis y no paga por hospedarse.

Así que te voy a contar su historia para que veas, que es una opción más de vida dado que, una vez estamos jubilados, los que no somos ricos y por lo tanto, dependemos de la paga del seguro social para sobrevivir, ya no tenemos la obligación de acudir diariamente a un lugar determinado (trabajo) para conseguir ese dinero.

Es igual que quien tiene un teletrabajo, puede estar en cualquier parte del planeta y seguir facturando. Pero siguiendo con la jubilación: la entidad en cuestión nos ingresa mensualmente la paga en nuestra cuenta bancaria y por ende, podemos estar en la otra parte del mundo y seguir cobrando. El único requisito que nos piden es que una vez al año demostremos que seguimos con vida y, eso se hace a través del acta de fe de vida.

Ahora, retomando el hilo de la historia, te la cuento tal cual me la explicó él:

<<<<<<<<<<<<<<<<<<<<<<<<<<<<<<<<<<<<<<<<<<<<<<<<<<<

– Actualmente, tengo 70 años y vivo viajando todo el año, pero sólo por Europa y no es que sea por gusto, sino, por necesidad. Empecé a viajar con 21 años y si bien es cierto que, he estado en todos los continentes, una vez jubilado, con la pensión que me ha quedado, no me alcanza para seguir recorriendo el mundo y por lo tanto, sólo me muevo por este continente. Me desplazo en transporte público, según el lugar, voy en metro o en autobús y si tengo que hacer recorridos largos, utilizo el tren o el avión.

Como Europa no es muy grande, el trayecto en avión no supera nunca las 5 horas. Eso sí, debido a que no tolero mucho el frío, el otoño y el invierno siempre los paso en el sur de España y el de Portugal, (Andalucía y el Algarve), dos zonas donde las temperaturas no son muy bajas.

El resto del año lo voy alternando entre los otros destinos, pero como me gusta mucho moverme, no suelo estar más de cuatro meses en el mismo sitio. Puedo estar semanas en el mismo país, pero cambiando de ciudad o pueblo, no obstante, una vez al año, vuelvo a Madrid.

Me estoy el tiempo justo y necesario para hacerme una revisión médica al completo, visitar a la familia y saludar a los pocos amigos que me quedan. Tengo un hijo de 34 años, fui padre con 36 veranos y también, fue a la edad que me casé y de manera simultánea, dejé de viajar, me entraron ganas de formar mi propia familia y sentar la cabeza.

Mis planes de ser un viajero empedernido se esfumaron y los sustituí por la norma social: casarse, tener hijos y adquirir una hipoteca. Aunque, debo decir que esta última acción la obvié porque durante mis viajes, aprendí que es una creencia o costumbre de los países hispanos (España, Portugal, Andorra e Italia), sus ciudadanos tienen la necesidad de sentir que poseen algo, si no, interpretan que han malgastado su dinero.

Ven el alquilar como una forma de derrochar el dinero y por lo tanto, prefieren hipotecarse durante buena parte de su vida (unos 25años) algo inusual e impensable en el resto del mundo.

Lamentablemente, el mismo día que cumplí los 65 años, mi mujer falleció de cáncer. Imagínate cómo me sentía, solo y abatido, mi hijo ya había formado su propia familia y tenía su propio hogar. No es que se negara a prestarme ayuda, sino, que siempre he sido independiente en ese aspecto y no estaba dispuesto a renunciar a mis valores.

Por mi parte, yo residía en un bonito apartamento, pero con los 1.200€ de pensión que me quedó, sólo me alcanzaba para pagar el alquiler, la comida y cubrir los gastos básicos.

Dicho de otro modo: iba a pasar mi jubilación sobreviviendo, en vez de disfrutando e inevitablemente, viendo mi nueva realidad, caí en depresión y el departamento de bienestar del ayuntamiento se puso en contacto conmigo y me asignó un psicólogo. Había pasado de ganar 2.100€ mensuales a ganar poco más de la mitad y esto me descoló mentalmente.

Estuve en terapia 9 meses, el tiempo necesario para entender que tenía la oportunidad de vivir como lo pensaba de joven: viajar todo el año, sin preocupaciones económicas, ni familiares, es decir, ser libre en ambos aspectos.

El psicólogo me hizo ver que ya no dependía de un lugar fijo para conseguir un ingreso mensual, así que, entré en internet y empecé a hacer cuentas. A ver si me compensaba más viajar que quedarme malviviendo en mi ciudad y me sorprendió gratamente lo que encontré, me salía más barato estar viajando que quedarme viviendo de alquiler y así fue cómo retomé mi pasión por viajar.

En los albergues, la noche me sale por unos 15€ y multiplicados por las 30 noches que tiene el mes, suman alrededor de los 450€ mensuales. Además, no tengo que pagar ni luz, ni agua, ni calefacción e incluso, muchas veces tienen servicio de lavandería, con lo cual, lavo mi ropa ahí mismo, por unos 5€ los diez kilos de ropa.

Igualmente, cuando no cuentan con este servicio voy a una lavandería y el precio suele ser parecido, así que vienen siendo unos 20€ mensuales, porque hago una lavadora semanalmente. Asimismo, también tengo derecho a usar la cocina, con lo cual, puedo cocinar y además, no tengo que comprar ni detergente, ni papel higiénico, ni toallas, ni ropa de cama, etc. va todo incluido en el precio.

En definitiva, que con 150€ hago la compra del mes y con otros 20€, tengo la ropa limpia y se le sumo los 450€ del hospedaje, me sale todo por unos 620€ mensuales, nada que ver con los cerca de 1.100€ de mi ciudad y además, malviviendo, siempre haciendo cuentas para no pasarme del presupuesto.

Cierto, que en mi caso, debido a que llevaba toda la vida en el mismo apartamento, el alquiler no era abusivo, pero aun así, era de 750€ mensuales, más los gastos de agua, luz e internet a parte. Después, otros dos factores importantes de los albergues, son la zona común y el acceso gratuito a internet y gracias a ello, tengo wifi en la habitación. Así que, paso las noches tumbado en mi cama viendo películas en mi ordenador portátil. Las veo en inglés, con subtítulos en español y así, puedo mejorar mi inglés.

Soy consciente de su importancia ya que nos permite comunicarnos de manera fluida entre todos, seamos: andorranos, españoles, portugueses, franceses, polacos, finlandeses, alemanes, chinos, japoneses, etc. Así pues, cuando me apetece socializar, voy a la zona común y mantengo largas conversaciones con los demás viajeros. Se acabaron los días de soledad, sentado frente al televisor, viendo telebasura, ahora me los paso rodeado de gente alegre y con ganas de vivir.

Igualmente, recorriendo el planeta he tenido la oportunidad de conocer multitud de culturas, religiones y formas de interpretar la realidad y con ella, también la manera de vivir. He estado con personas que recorrían el mundo en bicicleta, en moto, en auto caravana, e incluso a pie. Unos habían ahorrado durante años para luego, viajar hasta quedarse sin dinero y otros, mientras viajaban, iban trabajando algunas horas en lo que pillaban por el camino.

Pero, los que más sorprendieron y paralelamente, más admiraba, eran los que ejercían su profesión mientras viajaban, es decir, hacían teletrabajo. Únicamente, necesitaban un ordenador y acceso a internet para facturar y así, disponer de dinero durante todo el año o por lo menos, durante el viaje.

Así que, con el paso de los años, me fui haciendo a la idea de adquirir ese modo de vida, ser un nómada. Centré mi filosofía de vida en los viajes y mi objetivo final era vivir mi etapa de jubilación, viajando. Si llegaba a los 65 años con salud y con algo de dinero, aún tendría por delante otros 15 años más, para disfrutar sin muchos problemas físicos.

Por desgracia, debido a la profesión que ejercía, no tenía la opción del teletrabajo, igual que la mayoría de entre nosotros, supongo. En este aspecto, la mayoría somos iguales y viajamos durante las vacaciones y los festivos que tenemos durante el año.

Todos dependemos de un lugar fijo para trabajar, ya sea en un despacho, un almacén, una tienda, etc. Todos tenemos que acudir ahí e intercambiar un mínimo de 8 horas diarias, a cambio de un ingreso económico mensual. Hablando con estos viajeros me percaté que ese era el motivo real de mi permanencia en la ciudad donde residía.

Si tuviera la opción de recibir el mismo ingreso, sin la necesidad de acudir a mi puesto de trabajo, estaría todo el año viajando, o por lo menos, una parte de él. Fueron pasando los años y es lo que estoy haciendo ahora, viajar todo el tiempo, he conseguido mi objetivo: recibir un ingreso mensual sin tener que acudir diariamente a un lugar en concreto. –

<<<<<<<<<<<<<<<<<<<<<<<<<<<<<<<<<<<<<<<<<<<<<<<<<<<

En conclusión y resumiendo su historia: este hombre ha conseguido realizar su sueño de vivir viajando gracias al esfuerzo realizado durante su etapa laboral. Ha sido determinante, constante y paciente, tres virtudes indispensables para no perder la esperanza y de esta manera, mantenernos firmes en las decisiones tomadas, reflejando así, una actitud proactiva, centrada en no abandonar nuestras metas.

Hablando claro: este hombre ha visualizado su etapa de jubilación como una oportunidad para disfrutar lo que no pudo hacer de joven, la ha planeado para que sea una etapa placentera. Sin embargo y lamentablemente, hay bastante gente que la interpreta como un dolor de cabeza, como una etapa de aburrimiento y desespero.

Hay quien teme a jubilarse y prefiere no pensar en ello, pero claro, este momento es inevitable, tarde o temprano nos llega a todos. Es un hecho que hay gente así, que una vez llega a la jubilación, la malvive emocionalmente y no estoy hablando del aspecto económico, sino, más bien del estado anímico.

Me estoy refiriendo a cuando la persona recibe una pensión para vivir cómodamente, pero se encuentra perdida, no sabe cómo invertir el tiempo, ha dejado la vida laboral de forma obligada y no acaba de adaptarse a su nueva realidad.

Por suerte, es una minoría ya que, la mayoría hace igual que este viajero, disfrutar muchísimo de ella y esta diferencia se debe a que se han anticipado a la nueva realidad y han tenido en cuenta la reestructuración cognitiva que comporta.

Por ejemplo y retomando al viajero para explicarlo: se ha preparado para su nueva etapa teniendo en cuenta el cambio de hábitos y costumbres que tiene que realizar y ha preparado el camino, contrariamente a como ha hecho la otra gente, que lo ha dejado para el último momento y ahora, se encuentra desamparada.

Ya no tiene que madrugar para ir a trabajar, ni tampoco tiene que mantener unos horarios estrictos para comer, descansar, ni acostarse. Así pues, se encuentra que dispone de todo el tiempo del mundo para hacer cualquier actividad y aquí radica el problema, que no tiene ninguna.

Ha basado su vida en el trabajo, pero igualmente, la libertad de movimiento no es apta para todos, las costumbres y hábitos tienen mucho que decir en este aspecto. Hay quién preferiría trabajar hasta la muerte, porque se ha acostumbrado a obedecer órdenes y no es capaz de tomar decisiones por sí mismo o simplemente, porque no sabe disfrutar de otra forma.

No le encuentra sentido a la vida si no es trabajando, se siente vacío e incluso, inútil porque interpreta que tiene que ser productivo socialmente, ha idealizado esta manera de ser y no se ve con fuerzas para cambiarla, o no tiene las herramientas mentales necesarias para hacerlo.

No entiende que ha cambiado de grupo social, ahora está en el de los jubilados y aquí todos son iguales, no hay distinciones por el oficio de cada uno. Aquí sólo cuenta aprovechar el poco tiempo de vida del que todavía disponen. Por lo tanto, y para no vivir perdidos mentalmente, hay que buscar objetivos, aunque sea hacer ejercicio físico de manera regular.

Quedar con los vecinos para tomar el café o incluso, viajar de vez en cuando, como menciono en el libro tampoco es mala idea ya que, finalmente, la cuestión es mantenerse distraídos. Una mente distraída, es una mente despreocupada y por ende, alejada de los trastornos mentales porque en parte, no tiene pensamientos circulares.

Aunque hay varios tipos de pensamientos así, únicamente voy a mencionar tres: los obsesivos, los intrusivos y las rumiaciones. A pesar de que afecten de forma diferente, todos están anclados en el pasado. Son pensamientos que como bien dice su nombre, no cesan de dar vueltas por nuestra mente, están presentes durante la mayor parte del día e incluso en ocasiones, producen insomnio.

La mente en vez de centrarse en buscar el sueño, sigue a lo suyo, a dar vueltas sin cesar y como acabo de mencionar, nos perjudican de modo diferente: las obsesivos generan frustración, los intrusivos provocan que tengamos rabia y por ende, que estemos tristes. Por su parte, las rumiaciones generan desesperación.

Son dañinos porque la mente no distingue entre el pasado, el presente y el futuro. Ella se limita a interpretar las emociones que le van llagando por parte de los pensamientos y les asocia un sentimiento en concreto. Sin embargo, este es el que dictamina en qué momento estamos, si en el hoy, en el ayer o en el mañana.

Es decir, ¿estamos trabajando o estamos jubilados? – y la mente por su parte, según la emoción que perciba, interpretará que es bueno o malo y consecuentemente, preparará al organismo para descansar y relajarse o lo hará justo para lo contrario, atacar o defenderse.

Entendiendo esto, sabrás por qué tanta gente sufre de depresión o ansiedad. Está reviviendo o vaticinando unas situaciones que no existen, sólo están presentes en su cabeza. Relativo a los viajes, se preparan para lo peor, con preguntas como: ¿y si perdemos el vuelo; y si el hospedaje contratado no es tan bonito como en las fotos; y si nos asaltan; y si enfermamos; etc.?

Probablemente, han tenido una mala experiencia en algún viaje y lo generalizan a los futuros que puedan hacer. Se imaginan las escenas y les dan vueltas sin cesar hasta quedar exhaustas y la única forma que tienen de aliviar ese estado es inventando una posible situación o intentando modificar la pasada. Se preguntan constantemente: ¿y si hubiera hecho esto o aquello? o ¿y si no lo hubiera hecho?

Estos pensamientos pueden llegar a trastornarnos, porque, por parte de la rumiación, no paramos de darle vueltas a una misma situación, estamos intentando comprenderla y por mucho que pensemos, siempre llegamos a la misma conclusión, dando como resultado la desesperación porque no vemos la salida. Por su parte, la obsesión es diferente porque se desvincula de la situación, se centra más en la persona u objeto.

Para que quede más claro, expongo un ejemplo muy frecuente: la separación sentimental. La rumiación irá enfocada hacia el motivo de la separación, buscará entender la situación actual, nos haremos preguntas como: – ¿Qué ha pasado? – ¿Qué he dicho o qué he hecho? – Vivimos en la incertidumbre. Por su parte, la obsesión lo hará hacia la persona, nos obsesionamos con ella, intentamos averiguar qué está haciendo, con quién y dónde.

También recordamos los buenos momentos vividos conjuntamente y tenemos ganas de volver a revivirlos, la echamos de menos. Queremos revivir el pasado sin tener en cuenta el motivo de ruptura y que seguramente, ha sido lo mejor que nos ha podido pasar, pero sin embargo, estamos frustrados porque no conseguimos nuestro propósito, volver con ella.

Aunque sepamos que poco tiempo después nos volveríamos a separar, pero la obsesión trabaja así, no entiende de raciocinio, es emoción en estado puro. Por otro lado, los pensamientos intrusivos vienen a nuestra mente sin ser buscados, aparecen y no quieren irse.

Mayoritariamente, lo hacen cuando estamos calmados, ya sea cuando nos vamos a dormir o durante el día, son los culpables de la mayor parte del insomnio, sobre todo del comienzo, porque dificultan su conciliación. Empiezan a recordarnos a la persona en cuestión y es imposible deshacerse de ellos.

Como estarás viendo, la gran diferencia entre los tres conceptos es la voluntad, los dos primeros son buscados y el tercero es de forma involuntaria, por lo tanto, la forma de tratar a cada uno también será diferente. Con los dos primeros la fórmula es pensar con racionalidad, intentar comprender la situación y aceptarla. Sin en embargo, con el tercero, es mejor hacerse amigo de él, dejamos de lado el rencor y cuando nos vengan los pensamientos hablaremos directamente con ellos.

Se trata de pensar continuamente en la misma situación y de esa forma, irá perdiendo peso en nuestro cerebro, dejaremos de llorar o estar tristes dando paso a la indiferencia.

Así es justo como actúa nuestro pensamiento, el del viajero, cuando hemos vivido una mala experiencia, como por ejemplo: nos pierden el equipaje, cancelan un vuelo o se retrasa, etc. Sólo que no estamos tristes, ni enfadados durante mucho tiempo, porque como he dicho anteriormente, lo aceptamos como cosas que pueden suceder cuando viajamos.

Igualmente, la mejor forma de alejarse de estos conceptos es centrándose en el futuro inmediato, en lo que haremos mañana o la semana que viene, pero sin olvidarnos del presente, de lo que estamos haciendo ahora mismo. Es exactamente lo que comenté al principio, sobre vivir el presente, pero pensando en el futuro.

Hay que tenerlo en cuenta porque será nuestro mañana, así que, si conseguimos el hábito de pensar así, viviremos siempre en el ahora y aquí. Luego, del pasado hay que quedarse con las experiencias, pero sin etiquetarlas como buenas o malas, han sido situaciones que nos han aportado conocimientos.

Hemos trabajado con personas diferentes y cada una, nos ha aportado algo diferente. Asimismo, quien no esté familiarizado con el ocio y que base su vida sólo en trabajar y quiera cambiar esa rutina para afrontar la jubilación de manera amena y agradable, tendría que empezar a prepararla con una anticipación de cinco años.

Hacerlo con más tiempo no tiene mucho sentido, porque el ser humano no tenemos la capacidad de prever un futuro a largo plazo superior a este tiempo dado que, con cada experiencia que vivimos, adquirimos conocimientos y en ocasiones, nos condicionan los que ya teníamos previamente.

Esto, sin mencionar también los sucesos que van apareciendo: las enfermedades, la pérdida del empleo, la separación sentimental, la pérdida de poder adquisitivo, la muerte de un ser querido, etc.

No obstante, si siempre hemos sido previsores y organizados, la situación cambia por completo, porque ya tenemos el hábito de pensar en el mañana. Además, ya hemos sufrido contratiempos y aun así, los hemos superado sin haber alterado el resultado final, hemos seguido con lo planeado.

Valga de ejemplo la pareja de jubilados y el recepcionista español: se visualizaron viajando durante su jubilación y lo han logrado. Pero, aun así, aunque hagamos bien las cosas, con premeditación y rigor, siempre hay quien lo atribuirá a la suerte y no tanto al esfuerzo y de eso mismo, voy a hablarte ahora.

Del tipo de gente que piensa así, la que no cree en la actitud y la determinación y que por cierto, es la misma que se queja sin cesar y simultáneamente, quiere infundir sus miedos a los demás. La que siempre encuentra peros para viajar e intenta desmotivarnos, para que tampoco viajemos nosotros. Así pues, antes de nada, definiré la palabra suerte y esta tiene dos significados diferentes: según el locus de control que le asignemos, si el externo o el interno.

Por parte del primero, se define como un acontecimiento o situación que nos aparece sin más. No requiere de ningún esfuerzo por nuestra parte, con lo cual, será interpretado como buena o mala suerte dependiendo de si nos beneficia o nos perjudica. Sin embargo, por parte del interno, se explica desde el esfuerzo. Nos dice que sumando la actitud y la determinación, las probabilidades de que la suerte aparezca aumentan bastante.

Hemos actuado y por lo tanto, hemos creado las ocasiones para que suceda, le hemos preparado el terreno. No es lo mismo comprar un billete de avión con una antelación de tres meses, que hacerlo la semana anterior del despegue, el precio difiere bastante. No ha sido suerte volar barato, ha sido más bien, tener el dinero para comprarlo antes. Hemos trabajado y ahorrado con ese propósito, hemos preparado el terreno para viajar low cost.

Ahora, viendo ambas definiciones, la primera induce al abandono de cualquier objetivo que requiera un mínimo de dedicación, debido a que interpretamos que por mucho que hagamos, no lo conseguiremos ya que, no depende de nosotros. Por el contrario, si entendemos la suerte como la combinación entre nuestra actitud y la determinación, la interpretación de los hechos será diferente, porque lo percibimos como algo interno a nosotros.

Entendemos que si nos esforzamos podemos decantar la suerte de nuestro lado. Con esto, no estoy diciendo que querer sea poder, pero sí que aumentamos las probabilidades de conseguirlo. Estoy diciendo que la suerte viene cuando estamos preparados para sacarle provecho al acontecimiento, porque si no hay preparación anterior, jamás habrá ocasión.

Por ejemplo: puedo encontrar trabajo de camionero, pero si no tengo el carnet de vehículos pesados, no me servirá de nada. Es más, esta situación ni siquiera la consideraré, veré la oferta de empleo y no le prestaré atención.

En definitiva, se trata de visualizarse y centrar la atención en el objetivo a conseguir y a partir de aquí, todo será posible. Estaremos creando los escenarios para que aparezcan las oportunidades o dicho de otro modo, para que aparezca la suerte.

Por otro lado, para poder aumentar las probabilidades de éxito hay que tener una actitud optimista y paralelamente, identificar nuestro patrón de pensamiento, – ¿creemos que nuestro comportamiento puede influir en el resultado final o por el contrario, creemos que es cuestión del azar o de factores externos a nosotros? –

Por ejemplo: cuando estamos buscando vuelos baratos, – ¿creemos que depende de nuestra persistencia y paciencia o que es una cuestión externa y por lo tanto, no tiene sentido dedicarle mucho tiempo? –

Luego, otro aspecto a tener en cuenta para no frustrarse cada vez que fracasamos en el intento y por ende, lo acabamos percibiendo como mala suerte, es tener la capacidad de cambiarle el sentido a la interpretación. Igual que en un principio parece algo malo porque nos limita o impide el acceso a nuestro objetivo, viéndolo como un aprendizaje le cambiamos el sentimiento.

Para que se entienda mejor esto último, lo expongo con un ejemplo: digamos que en el trabajo somos el hazme reír de los compañeros y queremos cambiar la situación, pues lo primero que haremos es analizar nuestro comportamiento.

Qué estamos haciendo, cómo nos estamos comportando para generar tales burlas y una vez demos con la respuesta, utilizaremos sus burlas como motivación para mejorar y cambiar. Más aún, no hay mejor manera de proceder para cambiar o modificar cualquier situación donde consideremos que tenemos mala suerte. Utilizar ese malestar como motor para el cambio y algunos ejemplos son: el amor, el juego, el deporte y buscar empleo.

Digamos que tenemos mala suerte en el amor, pues en vez de estar tristes, hay que darle la vuelta a la situación e interpretarla como que todavía no es el momento para estar con alguien más, y tenemos que aprovechar la soledad para estudiar, leer, entrenar, viajar, etc. y así aprender y/o ampliar nuestra cultura general y de esta forma, si aparece la persona adecuada, estaremos preparados para hablar con ella sobre cualquier tema.

Valga este mismo ejemplo para los viajes: habrá ocasiones donde tendremos que cambiar el destino planeado porque debido a las fechas escogidas, el precio supera nuestro presupuesto y no por ello, vamos a frustrarnos.

Lo entenderemos como que no era el momento de ir. Así que, buscaremos otro destino que también nos llame la atención e iremos a visitarlo. Esto es justo lo que me sucedió cuando fui a Chicago, mi intención era ir a Nueva York a pasar unos días y de ahí, irme a Boston.

Es decir, hacer un viaje multidestinos, llegar a una ciudad y salir de otra distinta. Pero esta combinación no estaba disponible por problemas del programa informático de la compañía aérea y pasadas unas horas, cuando lo volví a intentar, me apareció la opción de ir a Chicago por un precio similar.

Pues lejos de frustrarme, como también tenía en mente conocer Chicago, decidí pagar el vuelo y dejar Boston para otra ocasión y así lo hice. Al año siguiente fui a Boston y aproveché para hacer una escapada de un par de días a Filadelfia y así, recorrer las vías del tren por las que corría Rocky.

Así mismo, también fui a visitar su estatua y llegar hasta ella subiendo las escaleras corriendo como hacía él en la película. Otro ejemplo factible sería el juego: si no tenemos suerte en él, hay que interpretarlo como una bendición y dejar de insistir.

Si estamos dedicando dinero con la intención de ganar más, pero no lo conseguimos ni a la de tres, mejor nos retiramos y salimos a celebrarlo, en vez de estar tristes por ello.

Busquemos otro entretenimiento o una manera diferente para hacer fortuna. Dediquemos todo ese dinero que nos vamos a ahorrar en algo diferente, como, por ejemplo: comprar libros, pagar la cuota del gimnasio e incluso, como insisto en el libro, viajar y conocer lugares nuevos.

Parece una locura, pero con un simple cambio de hábitos, nuestra percepción de buena o mala suerte se altera por completo. Es lo que ha sucedido con el ejemplo del amor: hemos pasamos de tener mala suerte en él, a ser deportistas, viajeros, intelectuales y tener una visión de la vida más amplia.

En cuestión de unos 18 meses podemos transformar nuestra vida por completo y con ella, la interpretación de la realidad. De hecho, además de cambiar de costumbres, también hemos modificado nuestro locus de control. Ahora se ha vuelto interno y vemos que con determinación, constancia y no dramatizando las situaciones, la suerte se interpreta de varias formas y no sólo como buena o mala.

En esta ocasión, le hemos añadido la indiferencia a los sucesos, no los etiquetamos, los vivimos y listo. Nos damos cuenta que cuando una cosa no sale, quizás sea porque todavía no es su momento y la dejamos para otra ocasión.

Con esta actitud dejamos de etiquetar las situaciones como buenas o malas, simplemente las aceptamos como parte del proceso. Por otro lado, en vez de generarnos sentimientos desagradables, lo hacen más bien, de indiferencia porque aceptamos que no todo pasa por nuestras manos, que no todo depende de nosotros. Muchas veces, por mucho que nos esforcemos, no conseguimos lo que queremos.

Pero lejos de verlo como mala suerte, lo interpretamos como un aprendizaje y ya sabemos, qué no hacer para volver a equivocarnos y sirva de ejemplo la historia de la pareja jubilada: cuando eran jóvenes, no pudieron viajar porque no era el momento para ello y lejos de frustrarse, lo entendieron como algo natural, era más el momento de disfrutar de sus hijos y esforzarse en pagar la hipoteca.

Sin embargo, ahora, es el indicado y lo están disfrutando al máximo y en parte, gracias a haber comprado una vivienda. No han dejado de pagar ninguna mensualidad al banco, excusándose en lo difícil que se les puso la vida. Se han adaptado a todas las circunstancias y gracias a ello, no han sufrido ningún trastorno mental dado que, no han remado en contra corriente.

Las han dejado fluir, pero eso sí, con un cierto control, el justo y necesario para no alterar la idea de vivir su jubilación viajando. Esto último tiene relación directa con la buena gestión emocional, saber qué valor e intensidad darle a cada emoción y sobre todo, saber con quién enfadarse y no autoculparse por todo.

Digamos, que tenemos varios destinos para ir de viaje y escogemos el más cercano porque así, estamos más días. Pero una semana antes de viajar, la agencia de viajes nos avisa que el vuelo se cancela y que despegaremos tres días más tarde. Pues sería un error autoinculparnos por el suceso, claro que podemos enfadarnos y ponernos tristes, pero no echarnos la culpa por lo ocurrido.

Así mismo y volviendo al ejemplo del malestar en el trabajo: además de estar motivados para realizar el cambio, también hemos aprendido nuevas maneras de interactuar con los compañeros y gracias a que nos hemos vuelto proactivos, sus comentarios han dejado de afectarnos.

Dicho brevemente: lo que en un principio se interpretaba como mala suerte y era una fuente de ansiedad, ahora es algo neutro y por encima, nos ha reforzado la personalidad. En definitiva, la mala o buena suerte depende en gran parte de cómo interpretamos las situaciones y sobre todo, del valor emocional que les asignamos: si de malo, muy malo, fatal o por el contrario, que aun siendo horroroso, preguntarnos, si podemos hacer algo para cambiarlas.

A continuación, viendo la manera de interpretar los resultados que obtenemos cada uno con las decisiones que tomamos, voy a hablarte de la gente que deja de lado sus objetivos: los abandona diciendo que la vida no es justa con ellos y además, culpa a la sociedad de sus desgracias: es gente que vive en las quejas y por ende, está amargada dado que, es inevitable.

Quien se queja por todo y por nada, vive amargado porque tiene más motivos para llorar, que para sonreír y además, los que más se quejan, son lo que menos evolucionan porque son incapaces de cambiar y por lo tanto, no se adaptan a la nueva realidad.

Se puede decir, que dominan el arte de amargarse la vida, es su pasión y lo han convertido en su modo de vida, quejarse sin cesar. Lo llamo arte, porque es sinónimo de esfuerzo y determinación, significa ser un artista de las quejas y del malestar constante. Esta persona no entiende que vivir en sociedad comporta la diversidad de opiniones y maneras diferentes de comportarse.

Pero igualmente, no todo el mundo es capaz de conseguir ser un artista de este arte dado que, su principal requisito es buscar ser el centro de atención y por suerte, la mayoría de la población no necesita serlo.

Así pues, para no convertirse en alguien amargado, hay que evitar canalizar la frustración hacia el malestar y de hacerlo más bien, hacia la alegría, en buscar soluciones lo antes posible. Es decir, centrarse más en reconducir la situación que, en buscar los culpables. Este segundo aspecto se deja para después, priorizando así, el resultado productivo. Una vez esté el problema resuelto ya se buscarán los responsables para pedirles explicaciones.

Pongamos como ejemplo justo el caso anterior, cuando nos retrasan la salida del vuelo tres días y por ende, tenemos que reorganizar toda la estancia: el coche alquilado y las excursiones programas y que además, ya hemos pagado. Pues primero buscaremos cómo reorganizarlo y una vez hecho, ya nos pondremos en contacto con la agencia de viajes para hacer los reclamos pertinentes. Pero desgraciadamente, esta manera de pensar no tiene espacio en el cerebro del artista de la amargura porque en parte, es debido a su inflexibilidad mental.

Carece de la capacidad para cambiar o simplemente modificar los planes marcados en un principio y consecuentemente, cuando las situaciones no salen como él desea, se frustra y se bloquea, siendo la huida, el lloro o la agresión verbal sus únicas vías de escape.

Por lo tanto, imagínate cómo será el comportamiento de esta persona si estando en el aeropuerto, le comunican que la salida de su vuelo ha sufrido un retraso, con lo cual, tiene que permanecer ahí más tiempo del previsto, ¡se pondrá de los nervios!

Esta incapacidad para aceptar los cambios de última hora o adaptarse a ellos, se debe básicamente a tres pilares: el primero, es que quiere caer bien a todo el mundo; el segundo, es que se preocupa por todo, aunque la solución no pase por sus manos y el tercero, es que critica a cualquiera que no comparta sus ideas. Con lo cual, o estamos con ella o somos sus enemigos dado que, percibe la vida como una guerra, como una lucha constante contra la sociedad.

Todo tiene que salir como ella quiere y lamentablemente, esta manera de pensar condiciona por completo su actitud, volviéndola negativa y enfocada en la melancolía.

Por un lado, es melancólica porque cree que el pasado siempre ha sido mejor que el presente y consecuentemente, el futuro tampoco será muy bueno. Y por el otro, es negativa porque se ve incapaz de encontrar la parte positiva de las situaciones, dando como resultado la indefensión aprendida (generalizar las situaciones negativas): llegaré tarde al destino, perderé el vuelo de conexión, será muy tarde para registrarse en el hospedaje y todo esto provocará que piensen que soy alguien inútil, mal organizado, torpe, etc.

Es decir, lo lleva al ámbito personal y con el paso del tiempo, cree que puede predecir el futuro, pero siempre de manera negativa, catastrofista, en vez de vivir el presente tal cual es, sin etiquetarlo.

Además, está frustrada porque no entiende cómo puede haber gente que no comparta su versión de los hechos y que, viviendo las mismas situaciones, se comporte de manera diferente, con menos pesimismo y alarmismo. Con lo cual, dedica una gran parte de su tiempo a intentar que cambien de idea dado que, ella es incapaz de adaptarse a los demás.

Es como si le gustara vivir en el malestar, ha adquirido el rol social del amargado. Pongamos, que ha tenido una experiencia negativa en el caribe, en Santo Domingo, pues la va a generalizar a todos los países caribeños y se empeñará en tener la razón.

Dirá barbaridades de sus residentes y exagerará los hechos vividos, cuando seguramente, solo ha tenido un percance con la gerencia del hospedaje donde se quedó, o con algún taxista que la intentó timar. Cosas que pueden suceder en cualquier parte del mundo y a cualquier viajero, pero ella, se las toma como algo personal como ya he escrito antes y el motivo principal, no es más que buscar ser el centro de atención.

Hay que decir que, en este sentido es similar a los medios de comunicación, está dando su versión de los hechos, – ¿cuántas veces no hemos escuchado barbaridades de ciertos lugares y después, cuando hemos ido ahí, no era para tanto? –. Incluso a veces, era todo lo contrario, un lugar espléndido y con unos habitantes acogedores y educados. De ahí la importancia de tener mente crítica.

A continuación, y para ir acabando el libro, quiero hacer mención a una situación que me estoy encontrando en demasiados países, la cohabitación por necesidad económica y en ocasiones, también por la emocional. Ciertamente, la situación actual está condicionando dichas independencias, está dañando la emocional y empeorando la económica.

Como he explicado anteriormente, esto se debe a la inflación y al aumento del costo de la vida y en parte también, a la necesidad de estar con alguien, de no estar solos por miedo a la soledad.

Pues ambas situaciones están obligando a la convivencia, a cohabitar y si tenemos en cuenta que tomadas de manera individual provocan desastres mentales, sumadas se convierten en una pesadilla para quien las tenga que vivir.

Pero como en todas las situaciones extremas, hay perjudicados y beneficiados y esto es justo lo que está sucediendo. Esta nueva realidad la está aprovechando bastante gente mayor, sobre todo, la jubilada, personas que han sabido darle la vuelta a la situación y volverla fructífera.

Esta manera de compartir vivienda la he podido ver en ciudades como: París, Toulouse, Madrid, Barcelona, Salamanca, Berlín, Viena, Boston, Nueva Orleans y en otras más alrededor del planeta.

Ciudades donde hay universidades y por lo tanto, estudiantes que buscan alojamiento económico porque no hay espacio para todos en las residencias de los campus universitarios y en ocasiones, aunque lo haya, su precio es inasumible para algunos estudiantes, porque a veces es desorbitado.

Así que, viendo la situación preocupante, mucha gente jubilada que vive en los alrededores y no soporta más su soledad o también, porque tiene alguna incapacidad física o está en apuros económicos, ha decido alquilar una de las habitaciones de su casa a cambio de compañía y hacer las tareas del hogar. Es un trato parecido al que hizo el viajero español en Bucarest, un" **win-win"**, donde ambos ganan.

El propietario se ahorra contratar a alguien para que le cuide y le haga las tareas del hogar y el estudiante, por su parte, se ahorra desembolsar dinero por el alquiler. Para entender mejor este trato, es necesario recalcar que la soledad no buscada es destructiva: cuando la persona quiere estar con alguien, hablar o compartir momentos importantes y no tiene con quién hacerlo, la sensación de desesperación es abismal.

Cuando queremos compartir nuestra alegría y nos vemos privados, es como estar en una burbuja sin mucho oxígeno, nos acabamos asfixiando. Las horas, los días y las semanas se hacen interminables y desgraciadamente, la persona acaba deprimida porque no tiene la opción de compartir sus pensamientos con nadie. Ahora bien, si físicamente no está limitada, siempre puede reunirse con más gente fuera de casa, pero cuando la movilidad brilla por su ausencia, la situación es totalmente diferente.

Cuando tiene dolor de espalda, de rodillas, de piernas, de cadera, está en silla de ruedas o también, si tiene problemas de vista o de oído, se puede apreciar que la vida queda bastante limitada y lamentablemente, es una realidad que va en aumento entre la población jubilada y todavía más, entre la gente viuda dado que, no cuenta con el apoyo emocional del cónyuge.

Por lo tanto, una solución factible es alquilar una habitación a cambio de recibir compañía unas horas al día y paralelamente, también cuidar del hogar: encargarse de hacer la compra, de la limpieza, de planchar, de cocinar, regar las plantas, etc.

Es una opción con dos resultados positivos: el primero es no estar solos y el segundo, es la ayuda física dado que, no todo el mundo dispone de los recursos económicos suficientes como para contratar a alguien que se encargue de ellos, o los ayudes con las tareas del hogar. Así pues, es una buena opción para los estudiantes, porque disponen de su espacio, tienen su propia habitación y el derecho a utilizar todos los servicios de la vivienda: cocina, luz, internet, calefacción, etc.

Su única obligación es pasar unas horas al día con el propietario, dialogar y hacerle compañía porque limpiar, hacer la compra y cocinar, lo tendrían que hacer igualmente si vivieran con los padres, en un piso compartido o en la residencia.

Del mismo modo, la persona jubilada se ahorra tener que contratar este servicio externamente y aparte, si también tiene la suerte de estar recibiendo alguna ayuda social, es un complemento extra y está más horas acompañada. Durmiendo así más tranquila, porque sabe que, si sufre cualquier problema físico, su cohabitante está allá para socorrerla. Igualmente, y referente al resultado positivo de no estar solos: es la prevención de la anhedonia, el principal síntoma de la depresión.

Este síntoma hace referencia a cuando perdemos el gusto a seguir haciendo las cosas que nos gustan, como puede ser hacer ejercicio físico, leer, salir con los amigos, viajar, ver ciertos programas de televisión, etc. Es un estado mental decaído, nos sentimos sin energías o también en ocasiones, nos es indiferente disfrutar del momento, no le encontramos sentido.

Pues bien, si la compañía llega tarde y la persona mayor ya ha entrado en este estado, la mejor manera de recuperar la energía y las ganas de volver a retomar las actividades placenteras es empezando poco a poco, pero con actividades que representen un reto y – ¿qué mejor manera de hacerlo que acompañados y además, también supervisados? –

No tienen que ser necesariamente las que hacía hasta ahora, pueden ser totalmente diferentes, el hecho es volver a adquirir el hábito de una rutina placentera y así, ir incorporando las abandonadas. Hay que entender que la alegría funciona igual que la tristeza, se va propagando por inercia y una vez empieza, no para hasta conseguir toda nuestra atención.

Inevitablemente, nuestra nueva manera de interpretar la realidad queda reflejada con nuestra conducta no verbal, los gestos y miradas nos delatarán. La sociedad es como nos verá y lo mejor de todo, es que el espejo nos mostrará cómo estamos realmente, porque no miente. No importa si sonreímos para disimular, porque hay un músculo facial denominado cigomático mayor que sólo se mueve con la sonrisa verdadera, es imposible hacerlo de forma consciente.

Se encuentra en la mejilla y es el encargado de dar la forma a la sonrisa y además, su presencia no pasa desapercibida ya que, es el responsable de la risa tonta o incontrolable. Igualmente, una forma de no caer en este estado es reemplazando las actividades que vamos dejando de lado.

Para que me entiendas mejor: si practicamos deporte y decidimos dejarlo, tenemos que seguir practicando alguna actividad física, aunque sea de menor intensidad o frecuencia, pero no debemos abandonar este comportamiento, porque nuestro organismo está acostumbrado a él y es su forma de generar placer o mantenerse alejado del malestar.

Luego, sucede exactamente igual con la lectura, antes de abandonar este magnífico hábito, es mejor buscar otro género literario y así, no perder la costumbre de leer. Otra opción también, es leer libros más pequeños, con menos páginas y así, evitamos agobiarnos.

Así pues, la clave para no entrar en este estado de anhedonia, es entender que las conductas que son fuentes de bienestar, jamás deben ser abandonas, en todo caso se reemplazan por otras con los mismos efectos, pero que requieren menor esfuerzo o dedicación.

Todos somos conscientes que con la edad nos vemos más limitados físicamente, pero, por eso mismo, hay tanta variedad de ejercicios, para que podamos cambiarlos unos por otros y así, realizar los más adecuados.

www.ingramcontent.com/pod-product-compliance
Lightning Source LLC
La Vergne TN
LVHW051703080426
835511LV00017B/2702